Sonderband Nr. 27

Walt Disney

Lustiges Taschenbuch

Frohes Fest IN ENTENHAUSEN

EGMONT EHAPA MEDIA GMBH

IMPRESSUM © Disney Enterprises, Inc. 2021, Walt Disney Lustiges Taschenbuch Weihnachten erscheint bei Egmont Ehapa Media GmbH, Alte Jakobstraße 83, 10179 Berlin I **Geschäftsführer** Per Gustav Kjellander I **Editorial Director** Marko Andric (v.i.S.d.P.) I **Marketing & Kooperationen** Jörg Risken (Publishing Director) j.risken@egmont.de, Nora Gollek (Head of Marketing) n.gollek@egmont.de, Christoph Bergholz (Senior Product Manager) c.bergholz@egmont.de I **Druck** GGP Media GmbH, Karl-Marx-Straße 24, 07381 Pößneck I **Anzeigenverkauf** Per Gustav Kjellander (verantwortlich) I **Head of Media Sales** Dirk Eggert I **Kontakt Walt Disney Publishing** Susanne Michels I **Freie Mitarbeiter dieser Ausgabe** Peter Höpfner (Petit Media), Peter Daibenzeiher, Susanne Walter, Jonas Zitzmann (Übersetzung), Janine Eck (Redaktion), Sigi Hepner, Ursula Ries, Steffen Uzler (Grafik) I Die Redaktion arbeitet auf Grundlage der neuen amtlichen Rechtschreibregeln und hält sich bei Auswahlfällen an die vom Duden bevorzugte Schreibweise. I

www.lustiges-taschenbuch.de, www.egmont-mediasolutions.de, www.egmont.de

EGMONT
Ehapa Media

MIX
Papier
FSC FSC® C014496

SERVICE-BOX

LTB im Abo – www.egmont-shop.de/ltb-lesen

Leserservice Lustiges Taschenbuch Weihnachten
Leserservice, 20086 Hamburg,
E-Mail: info@egmont-service.de,
Tel. 030-99194680, Fax 030-99194681
(reguläre Gesprächsgebühren für einen Anruf im deutschen Festnetz gemäß Ihrem Anbieter und Tarif)

LTB Weihnachten verpasst?
www.egmont-shop.de/comics/ltb

Wo gibt es LTB Weihnachten am Kiosk?
www.mykiosk.com

LTB Weihnachten als eComic?
Erhältlich z. B. im AppStore, bei Google Play, Amazon etc.

Viele weitere tolle Comic-Angebote:
www.egmont-shop.de

Inhalt

Ho, ho, ho, liebe Freunde!

Der Duft von frisch gebackenen Plätzchen und grünen Tannenzweigen verrät es: Es weihnachtet in Entenhausen. Die Stadt hat sich herausgeputzt und strahlt im Lichterglanz! Und die Leute strahlen vor Vorfreude auf das Fest! Alle sind glücklich! Wirklich alle? Nein! Einer bläst Trübsal so kurz vor Heiligabend. Elbin der Elf hat lange für den Weihnachtsmann gearbeitet. Nun aber nicht mehr. Er sah sich gezwungen, die wundertätige Werkstatt am Nordpol für immer zu verlassen. Doch Tick, Trick und Track finden, niemand sollte so traurig sein müssen, erst recht nicht an Weihnachten. Können sie Elbin helfen?

So richtig Vorfreude will auch bei Donald nicht aufkommen. Die Liste der Dinge, die noch erledigt werden müssen, ist lang: Baum organisieren, Lichterketten auf dem Speicher suchen, Braten abholen ... Da kommt ihm Onkel Dagoberts Vorschlag, Weihnachten ausfallen zu lassen, gerade recht. Kein Weihnachten, kein Stress. Doch kann man Weihnachten einfach so verweigern?

Und auch bei Micky Maus herrscht alles andere als heitere Vorfreude. Entenhausens neuer Bürgermeister hat sich etwas einfallen lassen: Bis Heiligabend muss jeder Bürger mindestens einmal am Tag einem anderen offen und ehrlich die Meinung sagen. Doch immer die Wahrheit zu sagen, führt zu nichts als Verdruss. Es herrschen Zwietracht und Zwist im weihnachtlichen Entenhausen. Kann es sein, dass das Fest alles andere als besinnlich wird? Aber Entenhausen wäre nicht Entenhausen, wenn nicht am Ende alle ein frohes Fest feiern könnten. Wie es dazu kommt, dürft ihr selbst lesen.

Wir wünschen euch viel Vergnügen mit unseren Geschichten, besinnliche Weihnachtstage und ein friedvolles Fest!

EURE ENTENHAUSENER

Pat & Carol McGreal (Story), **Flemming Andersen** (Zeichnungen)

Wie heißt du denn?
Elbin! Schniff! Ich bin Elbin der Elf und habe lange für den Weihnachtsmann gearbeitet. Nun aber nicht mehr.
Warum nicht? Das ist doch ein Traumjob!
Was ist passiert?
Infolge einer fürchterlichen Verfehlung vor ein paar Wochen war ich gezwungen, ins Exil zu gehen und die wundertätige Werkstatt am Nordpol für immer zu verlassen. Owehoweh...
Also, das kann ich auf Anhieb fast nicht glauben.
Stimmt! Würde der Weihnachtsmann wirklich einen seiner Elfen verbannen? Er ist doch ein Guter, heißt es immer.
Ich will über das ganze Unglück nicht mit euch reden! Lasst mich in Frieden, ihr!
Elbin, warte! Lauf doch nicht weg!
Der Arme! Wir müssen ihm irgendwie helfen!

Hektische Minuten später...
So ein Elf ist eigentlich leicht zu erkennen, wenn man ihn sieht. Aber das tut man nicht in dem Getümmel.
Der Kleine kann sonst wo sein!
WARENHAUS WUELWERTH
Da ist er ja! Er hat sich als Schaufensterpuppe getarnt, statt sich zu verstecken! Ganz schön schlau!
O nein! Er hat gemerkt, dass wir ihn entdeckt haben! Schnell, sonst entwischt er wieder!
Mit ein bisschen Glück fangen wir ihn am Eingang ab!
Dumm, dass da so ein Gedränge herrscht!
Zu spät, verflixt! Er ist schon wieder in der Menschenmenge untergetaucht!
Aber abschütteln lassen wir uns nicht! Schließlich sind wir Fieselschweiflinge und von Haus aus fährtenfest!

Elbins Spur führt bis zum Fuß des Baums und hört dann plötzlich auf.
Flügel haben männliche Elfen aber keine, soweit ich weiß.
Aha! Und trotzdem! Schaut mal nach oben, Brüder! Was seht ihr da?
Ein Beispiel für den Einfallsreichtum eines gewissen Wesens!
Die Idee war gut, Elbin! Aber du bist jetzt aufgeflogen.
Also kannst du auch runterkommen!
Ihr seid drei anhängliche kleine Kletten, wisst ihr das? Warum steigt ihr mir eigentlich nach?
Wir sind Pfadfinder! Wo Not ist, wollen wir helfen!
Doch dafür müssen wir dein Problem richtig verstehen. Und vielleicht können wir es dann lösen!
Wohl kaum. Ich bin ein schrecklicher Tollpatsch, das ist das Problem!

Was willst du damit sagen?
Dass ich eine Katastrophe auf Beinen bin und mir laufend irgendwelche Schusseligkeiten passieren! Der Chef hat es mir nie übel genommen, nein.
Aber das Letzte, was ich mir geleistet habe, konnte auch ein Weihnachtsmann nicht weglächeln.
„Wisst ihr, meine Aufgabe in der Werkstatt am Nordpol war es, Spielzeugfeuerwehrautos mit roter Farbe zu bemalen."
„An jenem denkwürdigen Tag marschierte der Weihnachtsmann durch die Halle, wie so oft in Gedanken versunken und mit wichtigen Unterlagen in der Hand."
„Er hat gar nicht gemerkt, dass sich einer seiner vielen Zettel selbstständig machte und davonflatterte."
„Und ich sah sofort, dass es sich um die unverzichtbare Liste der artigen und unartigen Kinder handelte!"

„Doch als ich mich bücken wollte, um nach dem Blatt zu greifen..."
„...stieß ich versehentlich den Farbtopf um, der mitten auf dem Papier landete!"
BLODSCH
„Das Dokument war ruiniert! Völlig unleserlich geworden! Das war mit Abstand der schlimmste Schnitzer, der mir jemals unterlaufen war!"
„Ich wusste, ohne diese Liste würde der Weihnachtsmann aufgeschmissen sein! Das würde er mir niemals verzeihen!"
„Und ich konnte nichts tun, um den Fehler ungeschehen zu machen."
Schluchz! Seufz! Schnüff!
„Und so ging ich fort."

Wie bitte? Soll das heißen, du hast dich selbst ins Exil geschickt?
Elbin, du bist eine gute, treue Seele! Wenn der Weihnachtsmann das nicht sehen könnte, hätte er seinen Beruf verfehlt!
He! Pass auf, was du sagst!
Ich sage, du musst dich dem Problem stellen wie ein Mann! Ich meine… wie ein Elf.
Tja, vielleicht hast du recht. Aber allein die Reise zurück an den Nordpol wird mich viele Wochen kosten.
Abwarten! Ich glaube, wir kennen jemanden, der dir helfen kann.
Und kurz darauf…
Ich verstehe, Jungs! Und ich will gerne das Meine dazu beitragen, dass diese Geschichte ein gutes Ende nimmt.
DANIEL DÜSENTRIEB - ERFINDER & GENIE
Ich werde euch mit meinem tragbaren Mini-Materietransmitter an den Nordpol versetzen. Der zweite Transmitter bringt euch dann wieder nach Entenhausen zurück. Also gebt gut acht auf ihn!
Das machen wir, Herr Düsentrieb! Danke!
WWZZZZ

Wir sind am Ziel! Das ist die Werkstatt des Weihnachtsmanns am Nordpol!
Jetzt bist du wieder da, wo du hingehörst, Elbin.
Du weißt, was du als Nächstes zu tun hast!
SPRUTZ
Ja, schon. Aber ob es wirklich eine gute Idee ist, da bin ich mir nicht mehr so sicher.
Du schaffst das! Wir glauben fest an dich.
Ha-hallo! Ich bin's...
Na, da sind wir aber platt!
Wir hätten nicht gedacht, dass wir dich noch einmal wiedersehen würden.
Ohoooh! Wen haben wir denn da?

Oh!
Ha-hallo, Weihnachts-mann!
Elbin! Den Drücke-berger!
Bin ich froh, dass du wieder da bist, mein Bester! Die Werkstatt war einfach nicht mehr dieselbe ohne dich!
Wirklich?
Aber was ist mit dem ruinierten Dokument?
Nun, Elbins kleines Miss-geschick hat mir gezeigt, dass ich gar keine Liste brauche, welche die Kinder in artig und unartig aufteilt.
Jedes Kind ist tief in seinem Inneren gut, und jedes Kind hat ein Weihnachtsgeschenk verdient. Und Erwachsene ebenso.
Für diese wunderbare Erkenntnis möchte ich dir von ganzem Herzen danken, Elbin.
Unser Elbin lebe drei Mal hoch!

Hoch! Hoch! Hoch!
Wie wär's, Freunde, habt ihr Lust, mir beim Anpinseln der Feuerwehrautos zu helfen?
Und wie! Brüder, ich sage euch, das wird das beste Weihnachten, das es je gegeben hat!
Vor allem, weil jetzt niemand mehr fürchten muss, dass er für ein bisschen Unartigkeit bestraft wird! Nicht einmal unser Onkel Donald!
Na, na, die Sache wird doch nicht etwa einen Haken haben am...
ENDE

Blasco Pisapia (Story & Zeichnungen)

Na los, Donald, du schaffst das!
Also... Baum organisieren, Lichterketten auf dem Speicher suchen, Braten abholen...
Heda, Duckchen!
Zum Gruße, mäßig geschätzter Nachbar!
Ich nehme mal an, Sie wissen schon, was ich gleich sage?
Ich tippe mal, es geht um die Weihnachtsbeleuchtung, mein guter Zorngiebel?
Korrekt!
Wie jedes Jahr organisiere ich die komplette Festillumination in unserer schönen Straße...
...und wie jedes Jahr werden wir dank mir den Wettbewerb der Stadt gewinnen!
Hehe! Bescheiden wie gewohnt!

Natürlich zähle ich dabei auf Ihre Kooperation, Sie Leichtmatrose.
Wenn's denn sein muss, Sie Laberheini...
Der aufgeblasene Weihnachtsengel spannt mich jedes Jahr ein… aber warte nur, irgendwann mag ich nicht mehr!
Seien Sie gegrüßt, mein liiieeeber Herr Dack!
ALLES FÜRS FEST
ALLES FÜRS FEST
Ebenfalls hallo, Frau Schnäbele! Und ich heiße Duck, nicht Dack.
Gewiss, gewiss! Ich habe mich gefragt, ob ich wohl später kurz bei Ihnen reinschneien dürfte?
Lassen Sie mich raten: der obligatorische Benefiz-Verkauf?
Der Emil-Erpel-Förderkreis zählt auf Ihre Großzügigkeit, mein Lieber!
Bis nachher also, Herr Dack?
Duck, Verehrteste... ach, was soll's!
Hm?
DÜDLÜT
Hallo Donald, ich brauche dich für die Weihnachtstombola!
Wie könnte ich da Nein sagen, Daisyschatz?

Außerdem müsstest du mich zu diversen Terminen begleiten, zuerst zum... dann zu... salbader...
Seufz! Die kennt keine Gnade! Wie war das noch von wegen Zeit der Ruhe und Einkehr?
Gllb! Bei dem Chaos schaffe ich meine Erledigungen nie im Leben rechtzeitig!
Und diese Hektik vor den Festtagen geht nun schon seit Wochen so.
LECKEREI
Und sie fängt jedes Jahr früher an, Neffe! Fabelhaft fürs Geschäft.

Onkel Dagobert! Na, machst du auch Weihnachtseinkäufe?
Red keinen Unsinn, Donald!
Du weißt doch, wie mich alten Mann solch unnütze Ausgaben abstoßen!
Hehe! Ja, das ist mir bekannt.
Werde ich nie verstehen, dass alle jedes Jahr dieses dringende Bedürfnis überkommt, Geld zum Fenster rauszuwerfen...
Zum Beispiel könnte mich rein gar nichts dazu bewegen, mich vor dieser albern teuren Konditorei in die lange Schlange zu stellen, nur um...
KONDITOREI
HIER KRIEGEN SIE ES GEBACKEN
...so ein vermeintlich unverzichtbares, schamlos überteuertes Gebäck wie diesen Weihnachtskuchen da zu erwerben. Warum macht man so etwas?
Vermutlich, weil Weihnachten das schönste und am meisten herbeigesehnte Fest des Jahres ist?
Wirken diese Leute, als würden sie etwas fröhlich herbeisehnen?

Bei mir fällt das Fest dieses Jahr aus! Basta!
Nicht dein Ernst!
Absolut! Ich verzichte auf ungesunde Süßigkeiten und kitschige Beleuchtung, teure Tannenbäume und beschämende Geschenkchen! Wirst schon sehen.
Onkel Dagobert ist und bleibt ein alter Geizkragen. Der wird sich niemals ändern.
Weihnachten ausfallen lassen?
Autsch! Nicht so drängeln, Sie!
WEIHNACHTSBÄUME
SCHÖN 150
GEHT SO 100
NA JA
Das ist einfach nicht mö... örks!
SPROING
KAUF
DUCK
X-MAS-ANGEBOT
BILLIG
Auch wenn ich mich zumindest zaghaft frage, ob er nicht recht hat.
FEST-DEKO

FEST-DEKO
Urgl!
VERHAK
KATA-
KRACK
So langsam wird's sogar mir definitiv zu viel!
Huch!
Alles okay, Onkel Donald?
FEST-DEKO
Grrr! Alles bestens, sieht man das nicht? Und noch besser wär's, würdet ihr mir mal zur Hand gehen.
Gräh! Was ist nun schon wieder?
KLINGEL

Kompliment, Duckchen! Sogar festlicher Körperschmuck dieses Jahr.
Sehr witzig, Zorngiebel!
Ich weiß. Und ich komme ohnehin, um vertiefend über den Weihnachtsschmuck zu reden.
Dachte ich mir und bin ganz Ohr.
Nach den Hütchen-Girlanden, mit denen wir den Beleuchtungswettbewerb vorletztes Jahr gewonnen haben...
...und den vielen bunten Geschenkpäckchen, mit denen wir letztes Jahr reüssieren konnten...
...hat sich das einzige Mitglied unseres Festbeleuchtungsauswahlausschusses, also ich, dieses Jahr...

...für eine Doppelreihe von Dach zu Dach der Häuser unserer Straße springender illuminierter Rentiere entschieden!
FLAPP
Überwältigend, nicht wahr?
Das ist jetzt echt zu viel!
Aber nein, das ist genau richtig! Und als Anwohner können Sie sich glücklich schätzen, aktiv teilhaben zu dürfen!
Noch mal in deutlich: Ich schätze weder noch habe ich teil!
Wie meinen?
Ich meine damit, dass es an meinem Haus dieses Jahr keine Beleuchtung gibt! Ich feiere gar nicht!
Aber Sie können doch nicht einfach...

...Weihnachten verweigern! Alle Anwohner sind verpflichtet mitzumachen! Wenn so ein Design mittendrin unterbrochen wird...
Tja, zu schade!
Und ich sage trotzdem Nein!
Ach ja?
Hm... mal sehen, ob ich meine grandiose Idee so in Ihren Kopf kriege.
Hey! Hmpf!
RATSCH
Mir sind bereits sämtliche Lichter aufgegangen, die ich benötige! Und für Ihre Birne habe ich auch noch ein paar übrig!
Herr Daaa-haaack! Juuu-huuu!
Jetzt die noch!
WAMM
Dieses Jahr verkaufen wir meinen selbst gebastelten Schmuck. Ist der nicht schön?
Weia! W-wie immer, Gnädigste!

Seien Sie ehrlich! Sie sind total in dieses putzige Einhörnchen verliebt! Wie viele darf ich Ihnen basteln?
Kein Einziges!
Verstehe. Sie bevorzugen den klassischen Winter-Pinguin in gestreift. Guter Geschmack!
Nein, ich kauf gar nichts. Ich mag nicht.
Was? Aber... unser Emil-Erpel-Förderkreis...
Grüßen Sie mir die Herrschaften! Frohes Fest!
ZACK
Jetzt reicht's mir aber langsam wirklich!
DÜDLÜT
Wo bleibst du denn, Donald? Ich warte schon seit zehn Minuten auf dich, um die Preise für die Wohltätigkeitstombola abzuholen. Danach müssen wir noch die Geschenkchen für die...
SCHLUSS-VERKAUF

Bedaure, Daisy! Ich kann dir leider nicht helfen.
KLÖTER
Mir ist unerwartet was dazwischengekommen... Ich muss ein Winterfeuerchen organisieren!
STOPF
Waaas? Und wann wolltest du mir das mitteilen?
Tue ich hiermit! Wisse, meine Liebe: Weihnachten fällt für mich aus!
?!
Ah, wie wunderbar wärmend! Ich fühle mich schon viel besser!
Ich muss mich beglückwünschen, Neffe!
Offenkundig ist es mir endlich gelungen einen fruchtbaren Samen in den Furchen deines ausgedörrten Verschwenderhirns keimen zu lassen. Schon befriedigend, einen Onkel wie mich zu haben, nicht wahr?

Mögen meine Prinzipien wachstumsfördernder Genügsamkeit fortan in dir wachsen und gedeihen! Ja, ja...
Wenn du meinst...
Tja, dieses eine Mal habe ich deinen Predigten aufmerksam gelauscht, Onkel Dagobert. Kein Weihnachten, kein Stress!
Während unsere Mitbürger sich abrackern...
...und verschwenderisch Geld ausgeben...
...vergeuden wir überlegenen Geister nicht einen roten Heller...
...und meiden jeglichen Feststress!
Drinnen...
O überlegener Onkel-Geist, Oma ist am Telefon!
Gib her!
Aber ja, geschätzte Oma! Es wäre wie stets ein Vergnügen, dich zum Festschmaus zu beehren, aber...

...mein Vorsatz für diese Feiertage ist es, alles überflüssige Gewese zu meiden...
...einschließlich Weihnachten!
!?!
Seit wann ist Beisammensein mit der Familie überflüssiges Gewese, mein Bester?
Oha! Sie hat aufgelegt! Keine Ahnung, warum sie so angefressen reagiert.
Ach, ich rufe sie morgen an und entschuldige mich... auch wenn ich eigentlich gar nichts falsch gemacht habe.
Wirklich nicht, Onkel Donald? Wir unsererseits finden, dass du es mit deiner Weihnachtsverweigerung entschieden zu weit treibst! Jawohl!

Ha! Beschwert ihr euch in anderen Jahren nicht immer als Erste, wenn ich euch freundlich nahelege, den Festputz zu machen?
Ist doch was...
...ganz anderes!
Ja, ja! Genug der Widerworte! Zeit für die Heia!
Die kriegen sich schon wieder ein, meine kleinen Racker.
Heiligabend, am frühen Morgen...
Idealer Zeitpunkt für einen entspannten Spaziergang, während sich alle anderen abhektiken!
Mama, ist das da der fiese Mann, der die Weihnachtsbeleuchtung in unserer Straße ruiniert hat?
Ja, das ist er, Niko! Böse, böse, böse...

Blblblll!
Hey!
Urplötzlich ist der Spaziergang nicht mehr so entspannend...
WAMM
Was ist das nun wieder?
Lieber Onkel Donald, wir gehen wo hin, wo Weihnachten nicht ausfällt! Deine Dich liebenden Neffen...
Tick, Trick & Track
Seufz. Die also auch?!
WEIHNACHTSKUCHEN
STERNENGOLD
Ein Fest für die ganze Familie!

Pah! Unerhört!
WOMPF
Kaum läuft man mal nicht mit der Masse mit und erweist sich als intelligenter als Mitbürger und Verwandte, schon sitzt man allein da! War klar!
Neffe, mach auf! Schnell!
KLINGEL
Onkel Dagobert, du hattest absolut recht!
Nie wieder nervige Nachbarn, Schmuckterror, Lichterlarifari, Geschenke und anderer Unfug!
H-Habe ich das wirklich so postuliert?
Aber hallo! Und ich bin deinen Lehren bis ins Detail gefolgt.
Ich habe sogar die Einladung zum Festessen bei Oma ausgeschlagen.
Ja hast du denn gar keinen Verstand? Ein Gratisessen schlägt der vernünftige Mensch niemals aus!

Außerdem ist es doch gar nicht sooo übel, einmal im Jahr mit der Verwandtschaft unter dem geschmückten Baum...
Waaas?! Erkenne ich da eine gewisse Wendehalsigkeit? Warum?
Seufz! Lies das hier!
Hm? Ein Brief... mit Weihnachtsgrüßen?
Mein lieber Bertel, wie geht es Dir? Ich schreibe Dir, weil ich dieses Weihnachten geschäftlich in Entenhausen zu tun habe. Ich dachte, es wäre schön, den Heiligabend mit Dir und den Deinen zu verbringen. Ich bin mir sicher, dass Du mich gebührend empfangen wirst. Bis bald, Nelly
Haha! Da schmähst du jahrelang nachhaltig jegliche Weihnachtsduseleien, und dann das!
In deiner Haut möchte ich gerade nicht stecken!
Und ich nicht in deiner! Ich habe nämlich ein warmes, einladendes und angemessen hergerichtetes Haus gefunden, wo ich mit Nelly ein schönes traditionelles Weihnachtsfestessen genießen kann!
Ach was? Und wo?

Hier, du fantasiefreier Nichtsnutz!
Bitte? Kommt nicht infrage!
Organisier das im Geldspeicher, wenn du darauf bestehst.
Aber da ist es kalt und wenig einladend. Stahlbeton halt. Und Baptist hat Urlaub, tja.
Wenn es hülfe, würde ich eigens das beste Lokal der Stadt erwerben, aber Nelly erwartet eine gelöste, authentisch familiäre Atmosphäre!
Und die soll sie kriegen!
Aber nicht hier!
Muss ich dich einmal mehr daran erinnern, dass dieses traute Heim mir gehört, o du chronisch säumiger Mietzahler?
Glbs!
Also schön, alter Knauser! Aber du wirst mir bei allem helfen! Marsch!

Perfektes
Weihnachten
– so geht's!
Lade deine Lieben rechtzeitig vor dem Fest ein, damit dann auch sicher alle kommen!
Hoffen wir das Beste... hoffen wir das Beste...
Omilein, hallihallo... ähm... gilt deine Einladung für heute Abend noch?
Ach? Nicht? Du hilfst jetzt stattdessen beim Wohltätigkeits-Bankett mit?
Schade, dann vergiss es.
Daisyschatz? Natürlich verzichte ich nicht komplett aufs Fest, war nur ein Scherz!
Und deswegen wollte ich dich fragen, ob du... ähm... Daisy?
TUT TUT TUT
Hey, Dussel, Lieblingsvetter! Kommst du heute Abend zum Festessen zu mir? Nein? Oh, verstehe.
Hallo, Gustav, mein Lieber! Was sagst du? Du speist gratis mit dem Snob-Klub?
Düsentrieb! Ich weiß, dass meine Neffen bei Ihnen stecken, also schalten Sie diese Mailbox aus und...
Ojeoje.

Perfektes
Weihnachten
- so geht's!
Gönne deinen Nächsten freundliche Worte – du wirst deine Liebenswürdigkeit mit Zinsen vergolten bekommen!
Ich habe mich in allen Winkeln der Welt gegen die Widrigkeiten der Natur behauptet...
...und ich dachte, ich hätte schon alles gesehen...
...aber das war alles nichts gegen Heiligabend zur Mittagszeit in der Fußgängerzone!
Undurchdringliche Menschenmassen belagern die Geschäfte.
KONDITOREI
Puh! Bitte einen großen Weihnachts-puffer!
Und hoffen wir mal, er erkennt mich nicht...
Na, wen haben wir denn da? Den hohen Herrn, der meine Kunden verspottet hat, weil sie sich **abzocken** ließen?
Hier, für Sie kostet's heute das Doppelte, Herr Duck!

Perfektes Weihnachten – so geht's!

Verbreite das Licht der Weihnacht bei allen, die dir lieb und teuer sind!

Perfektes Weihnachten – so geht's!

Ein fröhlich' Herz ist der beste Festschmuck!

Perfektes
Weihnachten
- so geht's!
Gestatte deiner Kreativität festliche Höhenflüge – die Resultate werden dich selbst überraschen!
Mmh... welch lecker Düftlein! Der Schmaus ist fast fertig.
Und mein Leuchtrentier braucht sich vor den anderen wahrlich nicht zu verstecken.
Nur noch den Strom einschalten und schon...
ZA
BRAZ!
Grrrr! Seit einer Stunde bastle ich da jetzt dran rum, aber nein, riecht immer noch verbrannt...
!
Und tschüs, Festessen!

Perfektes Weihnachten - so geht's!
Verlier nicht gleich den Kopf, wenn nicht alles auf die Minute wie geplant klappt, dann wirst du jedes Hindernis überwinden!
Wir stehen hier jetzt seit einer halben Stunde. Ich gehe zu Fuß!
Ein paar Festwagen halten mich nicht auf.
ZUMP
Huch! Da fliegt mir doch meine Zwergtanne weg!
SPROING
Mein Baumschmuck!
Urgl!
Adieu, Kuchen!
Heda, sind Sie okay, Opa?
Ich schon, alles andere nicht. Und für Neues ist es zu spät.

Nicht einmal Zeit zum Frischmachen bleibt...
Wir sind so gut wie da.
Ich freue mich ja so, Bertel!
Das wird ein herrlicher Abend mit funkelnden Lichtern und familiärer Wärme!
Nelly, willkommen! Hallo, Onkel Dagobert!
Hier bin ich! Das düstere Haus!
?
!
E-DD 1
Macht's euch im Wohnzimmer bequem! Ich komme gleich.
Hallo, Donald! Ihr Aufzug ist ja... originell.
Sind wir... die einzigen Gäste?
Ist ein sehr... intimer Abend.

Warum ist es denn hier so finster, Neffe? Haben sie dir wieder den Strom abgestellt?
Nö, Havarie! Kannst jederzeit gehen, wenn's dir nicht erleuchtet genug ist. Und deine Alte nimm mit.
Wahrlich eine... äh... festliche Atmosphäre!
Tja...
So, das Festmahl ist bereitet!
Toll! Was gibt es denn Gutes?
Ein so leckeres wie nahrhaftes Gericht, das euch gewiss an alte Goldgräber-Weihnachten erinnert.
Bohnen aus der Dose? Und kalt?

KLINGEL

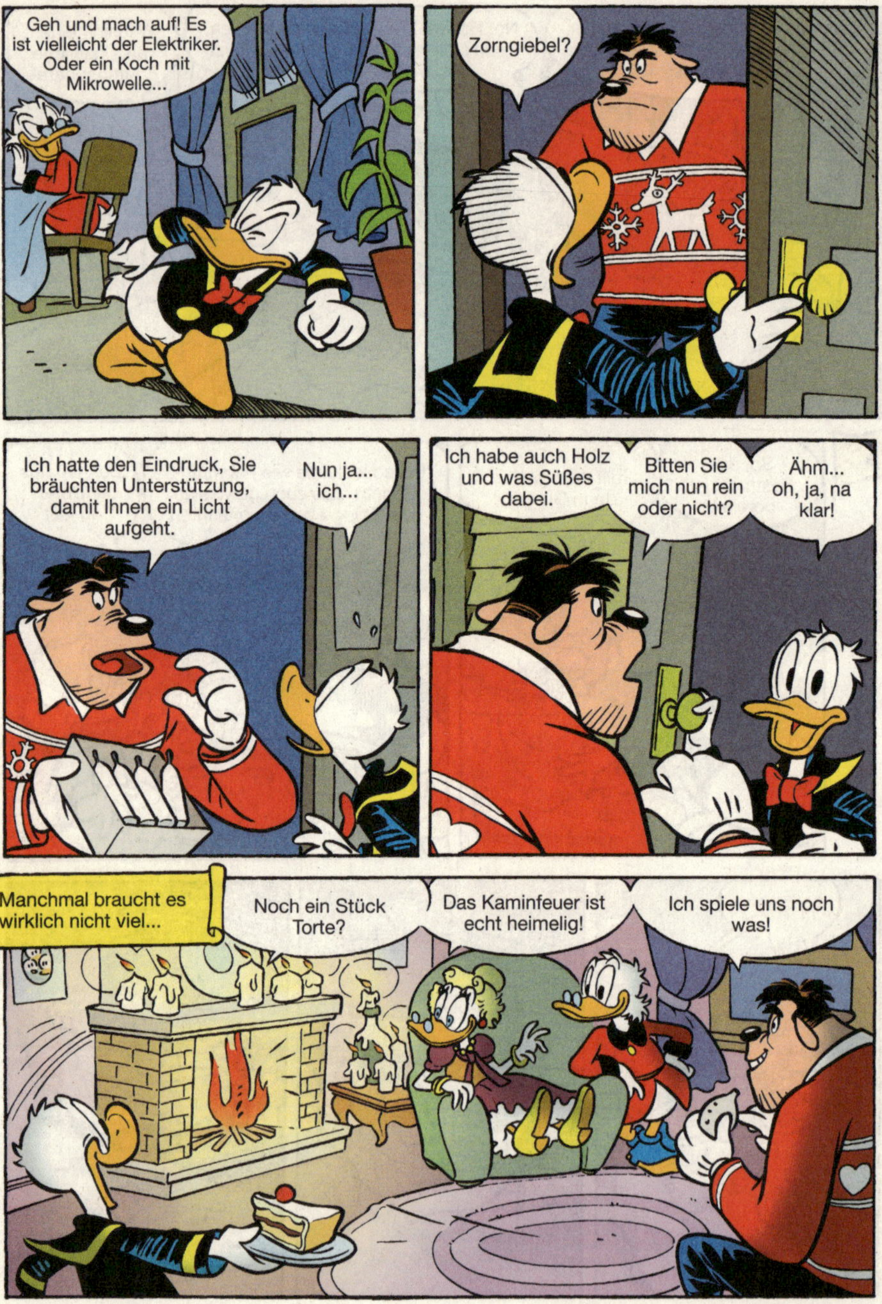

Geh und mach auf! Es ist vielleicht der Elektriker. Oder ein Koch mit Mikrowelle...
Zorngiebel?
Ich hatte den Eindruck, Sie bräuchten Unterstützung, damit Ihnen ein Licht aufgeht.
Nun ja... ich...
Ich habe auch Holz und was Süßes dabei.
Bitten Sie mich nun rein oder nicht?
Ähm... oh, ja, na klar!
Manchmal braucht es wirklich nicht viel...
Noch ein Stück Torte?
Das Kaminfeuer ist echt heimelig!
Ich spiele uns noch was!

Hach, Dagobert! Ist das alles wunderbar hier!
All die Wärme... die Besinnlichkeit... erinnert mich an ein gewisses Fest damals am Klondike.
Danke, Zorngiebel! Ich sag's ungern, aber... Sie sind ein Freund!
Gewöhnen Sie sich besser nicht dran, Duckchen! Frohes Fest!
Wunderbarer Abend!
Jetzt müsste nur noch...
AUFLEUCHT
Hm? Das Licht?
Wie kann das sein?
Vielleicht ist ja wirklich der Elektriker da?

Nein, aber der Herr Ingenieur! Überraschung!
Strom geht wieder!
Wir konnten dich nicht allein hier sitzen lassen, auch wenn du es verdient hast.
Schön, dass ihr gekommen seid!
Zeit mit seinen Lieben zu verbringen, ist halt doch kein unnötiges Gewese, gelle, Oma?
Ja, ohne uns alle wäre dein Fest nicht dasselbe gewesen!
Und unseres auch nicht!
Frohe Weihnachten!
„Versucht einfach auch mal, bei eurem Fest alles Überflüssige wegzulassen. Nur so findet ihr heraus, ob Weihnachten für euch wirklich froh war!“
„Ich weiß jetzt jedenfalls, dass es für mich ein frohes Fest ist, wenn ich allen sagen kann...“
„...ich habe euch gern!“
ENDE

Marco Nucci (Story), **Stefano Intini** (Zeichnungen)

...oder das Festtagsgebäck...
Ach, Ananas und Knoblauch! Wie das duftet!
...dürfen nicht fehlen! Aber das Wichtigste sind natürlich...
Juuu-huuu! Los, meine Hübschen!
...die Geschenke!
Jetzt geht's wieder auf Tour!
Die Vorfreude liegt allerorten in der Luft...
...was auch für die Werkstatt eines uns wohlbekannten Superhirns gilt!
DIDDI
Es ist so weit, Jungs...
DANIEL DÜSENTRIEB ERFINDER & GENIE

Das große Ereignis rückt immer näher!
Ja, morgen ist es so weit! Ich kann es kaum erwarten, an Omas Tisch zu sitzen und die Geschenke auszupacken!
SUPERDUCK
ONKEL DONALD
ONKEL DAGOBERT
FÜR DUSSEL
Heute erwartet uns jedoch ein Festschmaus bei Onkel Donald!
Er glaubt nämlich, dass wir immer noch sauer sind und Heiligabend hier bei Düsentriebs verbringen! Wenn wir auf einmal vor der Tür stehen, wird er schön staunen...
Ich verstehe eure Begeisterung, aber als ich „das große Ereignis“ erwähnte, meinte ich eigentlich nicht Weihnachten, sondern, ähem, meine neue Erfindung! Dort rechts von mir.
ÄUßERST GEHEIM
Da wären wir wieder. Der Knabe ruht sich niemals aus!
Stimmt. Diddi ist immer irgendwie am Basteln und so...
Um den Feierlichkeiten gerecht zu werden, habe ich eine kleine Spielerei ganz im Sinne der Tradition vorbereitet!

Eine Zeitmaschine!
Gulp!
Ächz!
Stöhn!
DIDDI
Ich sehe, ihr seid bestürzt! Zu Recht. Es ist eine ziemlich konventionelle Erfindung, geradezu peinlich in ihrer Schlichheit...
...aber meine Version serviert euch zugleich erstklassigen Bio-Apfelsaft! Hehe!
DIDDI
Bei einer Zeitmaschine handelt es sich keineswegs um eine konventionelle Erfindung!
Nur deinem Onkel ist es bislang gelungen, so etwas zu bauen!
Exakt. Das ändert sich heute nach der Bescherung. Um die Maschine fertigzustellen, fehlen mir lediglich drei Schrauben aus schallabsorbierendem Dunkelobsidian!
PAFF
PAFF
PAFF

Schallabsor-bierendem... was?
Dunkelobsidian! Ein Element, das es auf der Erde leider nicht gibt.
DIDDI
Wenn es das Ele-ment nicht gibt, ist der Traum wohl aus!
Der Diddi hat voll ne Macke!
I wo! Der Weihnachtsmann bringt mir das Zeugs mit! Für ihn ist das ein Kinderspiel, wenn man bedenkt, dass er Zauberkräfte hat!
BEGLAUBIGTE KOPIE
LIEBER WEIHNACHTSMANN, ICH WÜNSCHE MIR DREI SCHRAUBEN AUS SCHALLABSOR-BIERENDEM DUNKELOBSIDIAN. DIETER DÜSENTRIEB
Der Mann mit dem Rauschebart wird mir sicher helfen. Dann sieht mein Onkel, dass er nicht das einzige Superhirn unserer Familie ist!
DIDDI
Kinder!
Wo wir gerade von ihm gesprochen haben...
Du hast ihn herauf-beschwört!

Hüstel... Jemand müsste den Weg vor dem Haus vom Schnee befreien!
An die Arbeit! Es gibt nichts Erquickenderes als eine Schippaktion an einem Festtag wie diesem!
Welch Unheil! Der Schnee liegt mehr als einen halben Meter hoch!
Wir sollen an Heiligabend schuften? Welch ein Reinfall!
Niemand muss schuften! Ich habe bereits die passende Idee, um uns die bevorstehende Schaufelei zu ersparen...
Ich präsentiere euch hiermit die F. S., die flockenverschlingende Schneesaugkanone...
„...und dazu brauchen wir nicht einmal Schrauben aus schallabsorbierendem Dunkelobsidian!“
F. S.

„...eine Variante der brotverschlingenden Bröselsaugkanone, die ich gestern Dussel geschenkt habe!“
Danke dir, Diddi! Das löst mein Problemchen!
B. B.
Im Inneren befindet sich der Schnee von ganz Entenhausen!
F. S.
Das gefällt mir ganz und gar nicht! Zwischenfälle sind wie immer programmiert!
Gefährlich, absurd... typisch Diddi eben!
Kommt schon! Was soll denn schiefgehen? Oder...
F. S.
...wollt ihr euch lieber in der Kälte abrackern?
Ach ja, Heiligabend! Welch Wonne!
Welch Frohsinn, welch Heiterkeit!
Heute auf diesem Kanal... „Weihnachtsmann gegen Doktor Entenstein“!
Ich liebe diese Weihnachtsklassiker!
POP

Ein fast magischer Abend...
Wie entspannend!
WIE MAN SICH BEI KAMINFEUER AUSRUHT
...in dem das Unmögliche jederzeit um die Ecke zu lauern scheint...
Bei Omas Festessen werde ich eine Spitzenfigur abgeben! Dieses Knofiaroma!
...und manchmal, nun ja, Wirklichkeit wird!
ZU-ZUUUUM
F. S.
Haltet euch gut fest, liebe Leserschaft...
ZUUUUUM
...denn nun weht ein anderer Wind!
Nicht schlecht, was?
ZUUUUUUUM
F. S.

Ist das nicht etwas zu viel des Guten?
Keine Sorge, Track!
ZUUUUUUUM
ZUUUUUUM
ZUUUUM
FLUMP
Ich muss mich korrigieren. Mach dir jetzt bitte Sorgen, Track!
ZUUUUUUUUUUUUUUUUM

Uaaaaaah!
ZUUUUM
Argh!
ZUUUUM
FIDO
LOCKMANN STRASSE
ZUUUUUUUUUUUUUUUUM

WIE MAN SICH BEI KAMINF... AUSRUH...
ZUUUUUUUUUUUUUUUUUUUUUM
ZU...
ZU...
ZU...
UM
ZUUUUUUUM
PÖT PÖT PÖT
F. S.

Ups! Das wäre wohl der zuvor erwähnte Zwischenfall!
Surreal, absurd... typisch Diddi eben!
Das gesamte Stadtviertel wurde eingesaugt und verkleinert!
Folglich müssen wir einen Blick in die Röhre werfen, werte Leserschaft...

Denn klar, die Geschichte geht weiter!
Puuuh! Ein Glück!
Der Kuchen ist heil geblieben!
HUNDI
Nun... welch seltsame Wege das Glück geht!
Seht nur! Ein Meteorit!
Beruhigt euch! Das ist bloß ein überdimensionaler Bolzen!
Uff! Da bin ich ja beruhigt!
POST

Herr Düsentrieb? Sie hier, nicht im Labor?
Wo sind wir? Ich erinnere mich nur an einen plötzlichen Windstoß, das ist alles!
Wir sind in unserem Viertel... das ordentlich durcheinandergewirbelt worden ist!
Ja! Und die Himmelsdecke ist aus Eisen! Da haben wir den Salat!
Genau genommen ist es ein Kuchen, Herr Düsentrieb! Ananas mit Knoblauch.
WM
Seufz! Wenn er herausfindet, dass das meine Schuld ist, kann ich mich von meinem Taschengeld verabschieden!
WM
Vielleicht habe ich den Protonenmotor etwas zu sehr hochgeregelt!
Vielleicht?
Hilfe! Ich stecke in einer Hundehütte fest!
Könntest du das genauer erläutern?

Irgendwelche Ideen, wie wir hier heraus-kommen?
Zwei! Eine schlechter als die andere!
„Die erste: Wir könnten eine Art Raketenweihnachtsbaum konstruieren, um die Eisenmauer zu durchbrechen!“
Vergiss es! Und die zweite?
Wir könnten aus diesen mysteriösen Säcken einen Heißluftballon herstellen...
„...und zur Öffnung der Schneesaugkanone hochschweben.“
Um abheben zu können, bräuchten wir Feuer...
...und in einem geschlossenen Raum ist das alles andere als empfehlenswert!
Leb wohl, Abendessen bei Onkel Donald! So kommen wir nie nach Hause!
Ein toller Heilig-abend!

Auweia! Ich Unglückswurm!
Hm?
Wer jammert da?
Deswegen liegen hier überall Säcke!
Der Weihnachts-mann!
Samt Bart, Mütze und Rückenschmerzen! **Aua!**
Was machst du denn hier?
Ich flog in freudiger Erwartung jenes magischen Abends hoch über Entenhausen...
...als ich auf einmal... ähem... eingesaugt wurde!

Wo befinden wir uns, ihr Knaben?
Technisch gesehen sind wir in einer Art Eisenhülle, aus welcher kein Weg hinausführt.
Bei allen Kaminen! Dann kann ich die Geschenke nicht ausliefern!
Oje.
Aber ja... die Geschenke! Ich habe eine Idee!
He! Klau mir nicht meine Sprüche!
Hattest du beim Weihnachtsmann nicht Schrauben aus schallabsorbierendem Dingsbums bestellt?
Stimmt! Wenn wir die Zeitmaschine fertigstellen, können wir an einen Zeitpunkt vor diesem kleinen Zwischenfall zurückkehren.
Bitte sag mir, dass du die Schrauben mitgebracht hast!
?
Dann bist du also dieser Dieter?

Es hat mich mehrere Wochen gekostet, deinem Wunsch nachzukommen! Hätte eine Spielekonsole nicht genügt?
Her mit den Schrauben, guter Mann!
Lass dir eines gesagt sein...
Dein winziges Geschenk ist in all diesem heillosen Durcheinander verloren gegangen!
Schluck!
Wie schaffst du es eigentlich, all die Säcke auf einen einzigen Schlitten zu laden?
Das ist dem Gepäckstück-Molekularreduktionsgerät zu verdanken! Eine Erfindung meinerseits!
Kommt mir bekannt vor!

Um die Schrauben wiederzufinden, wäre ein riesiger Glücksfall vonnöt...
RUMPEL-DI-PUMPEL
!
Da hast du deinen Glücksfall!
Samt Gamaschen, Mantel und Fliege!
Welch seltsamer Traum!
Ah... meine Trophäe!
?
Da! Die Schrauben!

Somit führt doch ein Weg zurück!
Hurra!
Schnell! Mein Erfinderschuppen liegt unter diesen Säcken begraben!
Viele zur Seite geworfene Säcke später...
Uff!
Keuch!
Geschafft!
Hinein mit euch!
DIDDI
Gebt mir die Schrauben!

Sieh mich nicht so an! Ich weiß genauso wenig wie du!
Der Weihnachts-mann... Welch seltsame Vorgänge!
Eins... zwei...
...und drei!
SWUUUSCH
Yeah!
Jetzt müssen wir noch den Ort und die Zeit einstellen, und dann müsste eigentlich... dann sollte doch...
18:01
Dieter!
Hä?

Onkel Daniel! Welch... öh... Wind verschlägt dich hierher?
Ich habe dieses Getöse vernommen und wollte gu...
Schluck! Dein Schuppen ist ja viel größer, als er von außen aussieht!
Das ist dem Parkett-Atommultiplikator zu verdanken! Eine Erfindung von mir!
Ich bin verwirrt...
Wem sagen Sie das?
Dussel Duck! Es ist mir ein Vergnügen!
Weihnachtsmann! Ebenso.
Bist du auch für den Rest dieser Gerätschaften verantwortlich?
Von der ersten Elektrode bis hin zum letzten Bolzen!

*Und haben wir **dir** diesen Schlamassel zu verdanken, in dem wir uns befinden?*
Ich glaube, Geräusche zu hören, die aus dieser Röhre an mein Ohr dringen!
Ich... ähm... mit ziemlicher Sicherheit, Onkel Daniel.
F. S.
Ich bin erschüttert! Du bist...
...einfach genial!
Danke, Onkel Daniel... aber ich habe gerade leider keine Zeit für Rührseligkeiten!
Wir sehen uns... vor zwei Stunden!

Ich muss gestehen, dass dieser Knabe mich an meine Wenigkeit erinnert, als ich noch klein war!
Und wie waren Sie damals?
Unausstehlich altklug! Hehe!
Stück Kuchen, Chef?
SWUUUSCH
Welch seltsame Geschehnisse!
PÖT
PÖT
PÖT

DIDDI
Au!
Oh!
Ui!
Punkt sechs Uhr! Wir haben es geschafft!
DIDDI
Ich glaube, das ist Track seiner. Mal sehen...
Trick, ist das da mein Fuß oder deiner?
Kinder!
Da kommt dein Onkel! Der wird stinksauer sein!
Mitnichten!
SCHÜTT
DIDDI

Die hypothetische Zukunft, in der wir uns befunden haben, ist jetzt wieder... hypothetisch! Selbiges gilt für alle Begegnungen, die darin stattgefunden haben!
DIDDI
Das heißt, niemand kann sich an irgendetwas erinnern?
Exakt! Abgesehen von denen, die mit der Maschine gereist sind! Darauf einen Apfelsaft!
DIDDI
Hüstel... Jemand müsste den Weg vor dem Haus vom Schnee befreien!
„An die Arbeit! Es gibt nichts Erquickenderes als eine Schippaktion an einem Festtag wie diesem!“
Ich sag's euch... Schuften ist erholsam!
Gewiss! Auf jeden Fall erholsamer, als von einem flockenverschlingenden Schneesaugmonster verschluckt zu werden!
Diddi! Was stehst du da wie angewurzelt rum?

Los, hilf uns! Oder willst du zu spät zum Festschmaus kommen!
Und am ersten Weihnachtsfeiertag...
25 DEZ
Boah! Ein Skateboard!
Ein Trikot des FC Entenhausen!
Eine neue Gitarre!
Aber das beste Geschenk von allen war der Gesichtsausdruck von Onkel Donald, als er von unserer kleinen Überraschung erfahren hat!
FRÖHLICH WEIHNACH
TICK
TRACK
Seht ihn euch an! Haha!

Und was hast du bekommen, Diddi?
Eine Spiele-konsole und... einen Brief!
TICK
„Lieber Diddi, glaube bloß nicht, dass ich das gestrige Abenteuer vergessen habe."
FÜR DIDDI
„Ich bin schließlich der Weihnachtsmann! Ich vergesse nichts, nicht einmal die hypothetische Zukunft!"
„Es tut mir leid um die Schrauben, aber wenn dein Superhirn noch nicht reif genug ist für eine Schneesaugkanone, dann..."
„...brauchen wir gar nicht erst über eine Zeitmaschine zu reden!"
„Auch ich bin Erfinder, und als ich klein war, habe ich alle nur erdenklichen Dinge angestellt... so wie du!"
„Erst als ich etwas gesunden Menschenverstand gesammelt hatte, gelang es mir, meine Werkstatt und meinen Schlitten zu bauen!"
DIDDI
TRICK
DIDDI

BUMM
TRACK
DONALD
FRANZ
„Eines Tages werde ich dir alles erzählen... vielleicht schon nächstes Jahr! Und wenn du schön brav bist, bekommst du auch die Schrauben!“
„Aber eines ist gewiss... Du bist ein besonderer Junge! Herzliche Grüße, der Weihnachtsmann!“
Besser so! Die Zeitmaschine lag mir ohnehin nicht... zu traditionell!
Und ich habe meinem Onkel gezeigt, dass er nicht das einzige Genie der Familie ist... wenngleich sich alles in einer anderen Dimension abgespielt hat!
Jetzt will ich auch in dieser Dimension für Wirbel sorgen!
Nimm bloß nicht dieses Wort in den Mund!
Ju-hungs! Es gibt Onkel Dussels Weihnachts-kuchen!

Wer zuletzt kommt, heißt Onkel Donald!
Dussel, du hast wieder überall deine Brösel verteilt!
Nur die Ruhe... Mit Bröseln kenne ich mich bestens aus! Hier habe ich einen Küchenhelfer, mit dem man...
?
SWUUUUSCH
B. B.
Ups!
ENDE

Giuseppe Zironi (Story & Zeichnungen)

Diesmal nicht. Sie hat mir etwas für eine ganz besondere Person besorgt.
Aha! Ich wusste doch, dass du im Grunde ein guter Junge bist.
Nicht nur das. Ich bin sogar ein Sträfling, wie ihn sich jeder Knastdirektor wünscht.
Hahaha! Der war echt gut.
Tschüs, Bücherwurm.
Waaache! Ich muss mit dem Direktor reden!
„Es ist äußerst wichtig. Großes Ehrenwort!"
Sag mal, was will Kater Karlo denn vom Chef?
Hat er mir nicht gesagt.
Welch wundervolle Überraschung, mein lieber Kater Karlo.
Es ist ja nur eine Kleinigkeit für meinen Lieblingsdirektor...

Ein stilechtes Modell einer dorischen Säule für mein Aquarium.
Schick und unauffällig. **Harhar!**
Mein Paulus liebt antike Kunstgegenstände genauso sehr wie ich. Er ist hoch kultiviert.
PLATSCH
?
Das Fischlein ist eben ein Schöngeist wie sein Herrchen.
Und Sie haben sich eine Belohnung verdient.
Ich ernenne Sie zum Hilfsbibliothekar. Das ist ein angesehener Posten bei uns.
Um ehrlich zu sein, hatte ich auf ein Plätzchen in der Küche gehofft.
Pah! Die Küche ist ein Ort für unbelesene Vielfraße.
Eben. Deshalb will ich ja da hin...

Was soll ich denn zwischen Büchern? Davon ist noch keiner satt geworden.
ROMS
DIREKTOR
Später, nachdem man die neue Stelle angetreten hat...
Dein Plan ist nicht aufgegangen. Habe ich recht?
Grmpf!
Ich habe den Musterknacki gespielt, um endlich mal wieder mein Lieblingsessen brutzeln zu können.
WUMM
Aber der Job hier ist bequemer. Du musst nur die Post und die bestellten Bücher verteilen...
Pah!
HUNDE
...und die zurückgegebenen Bücher wieder ins Regal stellen.
Man hat viel freie Zeit. In der bastele ich an meinen Erfindungen. Wie gefällt dir die hier?
WIRRR
FRUSCH

Hmm... sieht bescheuert aus. Was genau soll das sein?
WRRRRR
Ein Experiment mit Bewegungsenergie...
...und Gleichgewicht. Ich habe berechnet, wie schnell das Sieb rotieren muss, damit es...
Und der Strohhalm in der Mitte?
ZIPP
KRACKS
Das schöne Experiment...
Tut mir leid, Bücherwurm. Ich gehe besser und lasse dir deine Ruhe beim Reparieren.
BDONK
Schätze, den Bücherwurm zu sabotieren, wird mich bei Laune halten. **Harhar!**

Viel später...
Tag, Kater Karlo. Weißt du schon das Neueste?
Nee! Was?
In der Bibliothek soll ein Nagetier gesichtet worden sein. Eine Riesenleseratte, um genau zu sein. **Hahaha!**
Ach ja?
Würdest du das Teil hier mal bitte kurz halten!
!
SWISCH
Auaaahiiiiaaaa!
Hörst du das Jaulen? Das muss ein Kojote sein.
POCK
Hast du mal einen Moment?
Hab ich! Was ist, Siggi?

Es geht um die Sache, um die ich dich für Äxel gebeten hatte.
Ach, das! Da hast du sogar Glück.
Hier! Übernimm den nächsten Putzdienst für mich und wir sind quitt. Okay?
Wow! Das mache ich gern.
Schau mal, Äxel. Glasierte Pistazien. Und die sind alle nur für dich. Danke, Kater Karlo.
Keine Ursache.
!
Nur wenig später, in der Bibliothek...
Hallo, Bücherwurm!
Tag, Kater Karlo. Schau mal, meine Galeere aus Zahnstochern und Korken.
Schön! Dann testen wir doch mal, wie das Segel im Wind steht!
?!
PFFUUUUU
ZING
Wow!

Beeindruckend, deine Wikinger-dschunke. Nur weiter so, Kollege.
Grmpf!
Zieh doch nicht so eine Flunsch. Wer besorgt dir denn alles, was du für deine Bastelei brauchst? Ich doch, oder?
Du hast recht... Seufz.
Ihr zwei da zum Direktor! Und zwar sofort!
Wieso das jetzt?
Ein Notfall!
In der Tat...
Die Lage ist ernst. Sogar sehr ernst.
Es wird gemunkelt, dass eine große Ratte in der Bibliothek gesichtet worden sein soll.
Ist das wahr?
Grrr!
Keine Ahnung. Ich habe keine gesehen.

Allein der Gedanke an diesen Nager lässt mich schaudern! Ich hasse Ratten!
Wem sagen Sie das...
Angeblich wurde auch ein Kojote gehört. Aber das ist wohl doch eher unwahrscheinlich.
Und was schlagen Sie vor?
Auf jeden Fall...
...ordne ich eine sofortige außerplanmäßige Reinigung der gesamten Bibliothek an!
Das umfasst vor allem auch die Kammer der Vergessenen. Los, an die Arbeit!
?
Wenn Sie mich fragen, wäre das eh nötig gewesen.
Die Kammer der Vergessenen? Was ist das, Bücherwurm?
Ich nenne sie auch die Kammer des Schreckens.

Hier werden seit Jahrzehnten Bücher gelagert, die keiner mehr lesen mag.
!!
Es heißt, ein Buch wegzuwerfen brächte Unglück. Deshalb werden sie hier verstaut.
Das... das sind ja Abertausende!
Richtig! Du wirst sie in den Rollwagen packen und zum Müllkutter bringen.
Wer früh beginnt, ist früh fertig.
Seufz.
ROMS
Später...
Keuch... das ist schon die dreißigste Fuhre, und ein Ende ist immer noch nicht in Sicht.
Wenigstens tust du ein wirklich gutes Werk.

Das ganze Altpapier kann jetzt recycelt werden.
Pah! Kein Wunder, dass die Schmöker hier verstauben.
Hust!
Wer liest denn so was? In die Enzyklopädie des Verbrechens würde selbst ich noch mal reinschauen, aber... **Donnerkiesel!**
HEIMISCHE KÄFER
?!
Na sieh mal einer an!
Die alte Heizungsanlage. Aber was viel interesanter ist...

...ist der Boden!
Noch zwei Wochen bis Weihnachten. Die Stadt erstrahlt schon jetzt im Glanze festlicher Beleuchtung.
Nur wir sitzen an Heiligabend wieder im Knast.
Glaubst du?
Was soll die Frage, Kater Karlo?
Och, gar nichts.
Ich kenne dich. Du heckst doch was aus!
Stimmt. Ich würde es begrüßen, wenn ihr in die Bibliothek kommen und mir helfen würdet.
Was? Wir sollen für dich ackern? Vergiss es!
Wie du willst. Dann macht es gut, Leute.
Halt! So können wir dich nicht gehen lassen.

Mit anderen Worten?
Ich hab's kapiert. Natürlich werden wir dir helfen.
Und...
Jetzt sag schon, was gibt es hier unten Wichtiges, Karlo?
Euch wird Hören und Sehen vergehen. Also sperrt Augen und Ohren brav auf.
Ich habe mich gefragt, wieso die Anlage gerade hier gebaut wurde.
Und, bist du auf die Antwort gekommen?
Wenn ja, lass hören.
Ganz klare Sache. Der Untergrund ist aus Lehm statt aus Felsen.
Und Lehm kann man leicht bearbeiten.
Ha!

Also habe ich mir den Grundriss besorgt. Und auf dem kann man sehen, dass sich genau unter uns ein Versorgungs-tunnel befindet.
Wir brauchen bloß den Einstieg auszugraben.
Und Bücher drauf.
Den Lehm da hinein...
Und, lässt sich mit dem Löffel graben?
Perfekt! Der Lehm ist weich wie Butter
„Die Wachen ahnen nicht, was wirklich vor sich geht..."
Du legst dich ja mächtig ins Zeug. Passieren!
Das ist jetzt Fuhre Nummer hundert!
Weiß der Bücherwurm davon?
Nö, ich sor-ge ja für seine Ablenkung.
Hier ist das Gerät, das du haben wolltest.
O danke, Kater Karlo.

Ich baue einen Roboter. Da ist es besonders schwierig, alle Teile aufzutreiben.
ZWINKER
Darum kümmere ich mich. Nimm du dir nur alle Zeit, die du brauchst.
Hehe!
Jedoch...
He! Wo warst du? Du hättest graben sollen.
Ich war beim Bücherwurm. Glaub ja nicht, dass das Spaß gemacht hat.
Ich brauche dringend genau zwanzig Gummibänder.
Ich bringe sie dir sofort!
Und die Komplikationen nehmen zu...
Der Servo für den Roboter wird schwer zu kriegen sein.
Ach was! Ich finde so ein Teil.
Kennst du diese Rote-Bete-Chips mit der Überraschung in jeder Tüte?
Klar! Die kennt doch jedes Kind, mein Bester. Schmecken gut.

Die seltenste Überraschung ist ein kleiner Betonmischer mit einer besonders guten Servoeinheit.
Damit ausgestattet wäre der Roboter ein tolles Geschenk für meinen Neffen.
Sitzt der auch hier im Knast?
Quatsch! Am ersten Weihnachtstag habe ich meine Strafe abgesessen und gehe ihn besuchen.
Hast du ein Glück.
Wenn du nichts dagegen hast, sage ich ihm, dass du mir dabei geholfen hast.
Öh...
Aber...
Einen Mini-Betonmischer? So was kriege ich nicht rein.
Frag doch mal Gullasch, den Koch.
Grmpf!
Gullasch, hast du...
Ich weiß, was du suchst. Kriegst du aber nicht.

Ich gebe dir ein Haarwuchsmittel dafür.
Nein!
Nö!
Ein Landschaftsgemälde?
Pfui!
Einen Spinnenkäfig!
Also, was willst du dann?
Na ja, ich mache gern Experimente beim Kochen, aber die will keiner verkosten...
Wunderbar, Kater Karlo. Ich hoffe, er hat dich nicht zu viel gekostet.
Äh... ich habe deinen Betonmixer.
„Mach dir da mal keine Sorgen..."
Frittierter Fleischsalat mit Weintrauben und grünen Peperoni. Na, was sagt mein Herr Vorkoster?
Ähm... kotzli... köstlich.
ABC
Dank dir werden ein Onkel und sein Neffe ein fröhliches Weihnachten erleben.
Es war mir ein Vergnügen.
Wir sind fertig, Kater Karlo. Kommst du mal gucken?
Argh! Bin gleich da.

War echt harte Arbeit, aber das war es auch wert.
Dir gebührt die Ehre der Öffnung.
Ha! Weg mit dir, Stein! Das wird unser Weg in die Freihheit!
SPLOTSCH
Wir türmen diese Nacht. Die werden erst am Morgen merken, dass wir uns verdünnisiert haben.
Endlich mal wieder ein Weihnachtsfest in Freiheit.
Decken wir den Einstieg ab. Die alten Schmöker sind dafür wie gemacht.
Hehe! Ein wirklich gelehrter Plan.
Gratuliere zu deiner Entlassung, Bücherwurm.
Danke... wollen wir uns nicht erst morgen Adieu sagen?
Klar...
Hups! Tut mir leid. Das war keine Absicht.
POCK
Aua!

Wie un-
geschickt.
Ich
hab ihn!
Bravo!
HECHT
Ich hätte nie gedacht,
dass dir eine meine
Basteleien so wichtig sein
könnte.
Ich... nun...
das war
ein Reflex...
Jedenfalls danke
ich dir. Ich hätte
keine Zeit gehabt,
ihn zu reparieren.
Toller Hechtsprung!
Das war kein Reflex,
das war Absicht,
nicht wahr?
!
In dem Roboter
steckt auch meine
Arbeit. Die wollte
ich nicht ruiniert
sehen.
Was genau passiert
hier, die Herren?

Wir... äh... wir tauschen gerade Weihnachtsgrüße aus, Herr Direktor.
Schön, dass der Geist der Weihnacht auch euch verzaubert hat.
Mir geschieht das jedes Jahr. Deshalb bekommt jeder von euch ein Geschenk von mir. Toll, nicht wahr?
Eine Wucht.
Aber Geschenke sind Überraschungen. Und ich weiß ja, wie neugierig ihr bösen Buben seid.
Deshalb werden die Gaben erst einmal in unserer Kammer der Vergessenen gelagert.
Oha!
Die Tür wird sicher verschlossen. Ich habe dafür extra ein neues Schloss anbringen lassen.
KLACK

– – –
Wie ich sehe, seid ihr sprachlos. Fein! Wir sehen uns morgen.
Dann bekommt jeder sein Geschenk.
BIBLIOTHEK
O nein! O nein! O nein!
Ich hoffe, du hast einen Plan B, Kater Karlo.
Ruhe! Ich muss nachdenken!
Summ... summ...
Hmm... hmm...
Das ist es! Die Ackerei für den Bücherwurm war doch zu etwas gut.
In der Heiligen Nacht, nach dem letzten Rundgang...
Steh auf und folge mir, Bücherwurm.
Hu... wie? Wo geht's denn hin?

Raus aus den Federn! Wer fragt, vergeudet Zeit!
Aber...
...wieso bist du nicht in deiner Zelle?
Du weißt doch, wer Paulus ist, oder?
Klar. Der Fisch vom Direktor.
Eben! Sein Geburtsdatum ist der Kode für die Schließanlage.
STUPS
Und wer hat den für dich eingegeben?
!
Muss man hier draufdrücken... oder da?
Vorsicht! Du machst ihn noch kaputt!
Griffel weg von dem Roboter!

Kannst du ihm befehlen, wo er hingehen soll?
Im Grunde schon. Ich muss ihn nur aufziehen.
Perfekt! Dann lass ihn den Schlüssel für das neue Schloss der Kammer des Schreckens holen.
Er ist nur ein Spielzeug, Kater Karlo. Ich weiß nicht, ob er so etwas kann...
Versuch es! **Los!**
Also gut, aber ich kann nichts garantieren... und vor allem will ich keinen Ärger, wo es meine letzte Nacht hier ist.
itscheratsch! Und wanzig Umdrehungen päter...
Geh, Kleiner!
RRRRR
VRRRRR

- - -
KLACK
Jepp!
Komm zu Onkel Karlo, mein Kleiner. Noch einen Schritt...
VRRRRR
...und ich hab ihn!
Kammer d. V.
Weg hier!
Fliegen wir endlich davon!
Wurde auch Zeit!
Geh schlafen, Bücherwurm. W-was ist?
Es war zu viel für meinen Kleinen. Der Servo ist durchgebrannt.

Ohne den ist der Roboter nur ein regloses Blechding.
Soll das heißen, dass...
Als Geschenk für meinen Neffen ist er unbrauchbar.
He, Kater Karlo! Worauf wartest du?
I-ich komme gleich!
Schade! Ich hatte mich so auf ein schönes Fest gefreut.
Und schon kurz darauf...
Sag bloß, dir fällt der Abschied von deiner Zelle schwer?
Ach was! Ich freue mich wie ein Schneekönig.
Meine Herren...
PLÄTSCHER
Hier ist der Ausgang!
Oooh! Welch ein Anblick!

Entenhausen erstrahlt in weihnachtlichem Glanze...
Hehe! Ich beherrsche den magischen Griff noch.
Super! Steigen wir ein.
NO
E-23
Wir schwirren ab. Was ist mit dir?
Ich... hüstel... ich stürze mich ins Gewühl.
Wie du willst! Leb wohl, Kater Karlo! Viel Glück!
Euch auch!
VROOOM
Im Grunde ist es nur ein Weihnachtsgeschenk für einen Jungen, den ich nicht einmal kenne...

ZADEN
Manche sagen, Weihnachten sei nicht mehr das, was es einmal war...
Aber zwischen den Lichtern, dem Stress und dem Gewühl...
...muss man nur mal genauer hinschauen...
SÜßWAREN
Sie da! Ich brauche eine Tüte Rote-Bete-Chips.
Guten Abend, werter Herr! Nehmen Sie sich ruhig eine.
Oder auch drei Tüten zum Preis von zwei, weil Weihnachten ist.
Gut! Dann nehme ich drei... ups!
ROTE-BETE-CHIPS
LECKERLE
Ich bin gerade ausgebrochen und habe keinen Kreuzer.
Stimmt etwas nicht?

Grmpf! Mir bleibt nur, die Chips zu klauen.
Ich glaube, ich habe verstanden. Aber weil wir heute Weihnachten haben...
...lege ich noch drei Tüten drauf und schenke sie Ihnen. Hier! Ein frohes Fest, mein Bester!
!
Eine Tüte Rote-Bete-Chips, bitte.
Du hast Glück. Das ist jetzt die letzte.
RB-CHIPS
Bei sechs Tüten müsste doch ein Betonmixer dabei sein.
LECKERLE
FRRRT
Ein Motorroller, eine Segeljolle, ein Dreirad... kein Betonmi-scher.
RB
He, der Junge hat einen er-wischt.
Och nö! So ein Pech aber auch. Den habe ich schon.

Wollen wir tauschen?
Au ja!
Und nach diesem Deal...
Ich muss mich beeilen.
Aber ich kann es noch schaffen.
SPLATSCH
Uff! Schnell in den Zellentrakt...
ROMS
...und zurück in die Bibliothek. Es wird knapp, aber...
Aufgewacht! Der Morgen lacht!
Puh!

Schläfst du immer mit Schuhen an?
DONGEL
Ups! Hatte ich gar nicht bemerkt.
Und ihr da, Leute. Hattet ihr eine schöne... **verflixt!**
Alarm! Da sind welche ausgebrochen!
Was habe ich mir nur dabei gedacht?
Nun, es ist eben Weihnachten...
Meine Lieben, euch allen viel Glück!
Ihnen auch, Herr Direktor.
Wie ich sehe, sind unsere beiden Freunde von ihrem kurzen Ausflug zurück.
Wer rechnet am Fest der Feste denn auch mit Verkehrskontrollen?

Und auch der liebe Kater Karlo ist pünktlich aufgestanden.
Ist ja gut...
„Fehlt nur unser guter Bücherwurm. Aber der ist auf dem Weg zu seinem Neffen...“
Aaah! Frische Luft!
Worauf wartet ihr? Packt eure Geschenke aus!
Eine Feile...
Sehr nützlich!
Schon...
Quak!
Das hier hat mir der Bücherwurm für Sie gegeben.
KARLO
Wie?
?
Nun machen Sie es schon auf. Wir alle wollen wissen, was es ist.

Eine Puppe? Die sieht ja aus wie ich.
Sehen Sie nur, diese Kordel. Was wohl passiert, wenn man daran zieht?
ZURR
!!
Ich heiße Kater Karlo, ich habe ein gutes Herz!
Toll!
Seht mal, Kater Karlo kommen die Tränen.
Mein alter Freund Bücherwurm...
Wo er doch so ein harter Knochen ist.
He, ihr Dämel! Passt ja auf, was ihr sagt! Klar?
Du, Onkel! Gestern hat einer seine drei Überraschungen gegen eine von mir getauscht.
Tja, das war der Geist der Weihnacht.
Und das ist mein Geschenk für dich.
Oh! Ist der aber toll!
ENDE

Das geheimnisvolle Tablett

Silvia Gianatti (Story), **Carlo Limido** (Zeichnungen)

„Sehen wir mal lieber nach!“
GOOFY
Onkel Goofy?
Hallo Jungs, vielleicht habe ich etwas gefunden!
Seht nur!
Hm? Was ist das denn?
Hjuck! Das weiß ich leider nicht.
Hm... Sieht aus wie ein Tablett oder so.
Könnte sein. Es befand sich direkt neben dem Geschirr meiner Tante Theresa O'Goof!
Bist du dir sicher, dass wir das haben dürfen?
Klar! Ich möchte auch etwas zu eurem Weihnachtsmarkt beisteuern.

Einige Tage später...
Auf Wiedersehen und frohes Fest!
He! Da kommt ja Onkel Goofy angelaufen!
Schnauf... Jungs!
Bist du auch spät dran und brauchst noch Geschenke, Onkel Goofy?
Uff... Nein! Es ist so...
Nur die Ruhe! Hier findest du alles, was dein Herz begehrt!
Also... Eigentlich wollte ich euch fragen...
Bei uns gilt... Erst kaufen, dann Fragen stellen!
Gesagt, getan!
Und jetzt müsstet ihr mir das Tablett zurückgeben!
Wie?
Warum denn?

Tja, mein Onkel Goofbert kommt heute Abend zu mir!
Hehe! Vorweihnacht-licher Besuch, was?
Ja, aber er möchte auch einen Gegenstand abholen, den er mir vor Jahren geliehen hatte. Nun ja... und dabei handelt es sich um dieses Tablettdingsbums!
Hm... Das hätte dir früher einfallen müssen.
Wir haben es gestern verkauft!
A-an wen?
An... Es fällt mir nicht mehr ein!
!
Aber ich weiß es!
Meine Tante hat das Tablett ge-kauft! Sie wohnt ganz in der Nähe! Soll ich euch zu ihr bringen?
Hjuck! Das wäre fantastisch!
O ja! Schmacht.

Und so...
FROHE WEIHNACHTEN
Bedaure, aber ich habe das Tablett nicht mehr.
Ich dachte, das sei ein Untersetzer für einen Blumentopf.
„Leider habe ich mich getäuscht! Es hätte mir vorher auffallen müssen!"
Haben Sie das Teil entsorgt?
Aber nein! Ich habe es meiner Freundin Rosalinde geschenkt.
Gehen wir, Bruder!
Hihi! Tschüs, Muck!
Jetzt schon?

Wenig später...
Ui! Schau, die Rosen im Treibhaus da!
Wie romantisch.
Wach auf, du Tagträumer!
!
RUPF
SCHUBS
Ähem... Man hat uns über Ihren Besuch in Kenntnis gesetzt! Frau Rosalinde erwartet Sie!
ZACK
Nun...
Also, ich dachte, Ihr Tablett sei ein Servierteller, auch wenn es zuerst nach Untertopf aussah. Glucks...
O je!
Und was haben Sie damit gemacht?
Ich habe es dem Gärtner bei uns geschenkt!

Doch...
...ich konnte damit nichts anfangen! Mein Neffe da hat es als Wurfscheibe genommen.
Aber das Teil wollte einfach nicht fliegen!
Kein Wunder! Tabletts fliegen nicht.
Mit Sicherheit war das weder Untersetzer noch Tablett.
Was auch immer es gewesen sein mag, wir haben es dann meinem Freund Joe gegeben, der auf der Suche nach einem Geschenk für seine Tante war.
In diesem Moment ist er vermutlich schon am Flughafen. Wenn Sie Ihr Tablett zurückhaben möchten...
„...sollten Sie sich beeilen!"
Taaaxi!

„Schnell, zum Flughafen!“
Machen Sie es sich gemütlich! Heute sind die Straßen etwas stärker befahren!
TAXI
Später...
FLUGHAFEN ENTENHAUSEN
Da wären wir!
Ähm... Jungs, ich habe all mein Geld auf eurem Weihnachtsmarkt gelassen...
Botschaft ist angekommen, Onkel Goofy. Geht klar, wir zahlen!
WASSER MIT TOMATEN-
TAXI
ENT-24
Ich möchte eure Diskussion in Sachen Zuständigkeit nicht unterbrechen, aber ihr schuldet mir jetzt fünfzig Taler!
Grummel. Hier, bitte sehr!
Ihr bekommt es ja zurück!
Und wie finden wir jetzt diesen Joe?
Hjuck! Lasst mich nur machen! Der Gärtner hat ihn mir gut beschrieben.
TAXI

Tatsächlich...
Da ist er!
SONNENCREME
GATE
CHECK
Joe!
Hä?
!
Urgh!
Uff!
Hab ich dich!
Gerade noch rechtzeitig!
Mission erfüllt!

Einige Erläuterungen später...
Seid ihr euch sicher, dass dieser Hut meiner Tante zusagen wird?
Vollkommen! Der Grünton ist momentan total angesagt.
Und danke noch mal, dass Sie mir das Tablett zurückgegeben haben!
Ach, war das gar kein Untertopf?
Goofy? Bist du es wirklich?
Onkel Goofbert!
Sehr gut! Du hast mich wiedererkannt! Hehe!
Siehst du das auch, Mack?
Ja, Muck! Auf Onkel Goofberts Hemd befindet sich so ein... Tablett?
„Vielleicht ist das gar kein Tablett!"
Wieso trägst du den Knopf herum, den ich dir vor vielen Jahren geschenkt habe?
Knopf? Ich dachte, das ist ein Tablett.

Hoho, der war gut! Du bist immer noch derselbe Spaßvogel wie früher!
Ähm...
Hahaha!
ÄPPCHEN
BOWLING-KUGELN
Genug der Späße... Hast du mir das mitgebracht, worum ich dich gebeten hatte?
Oh, oh!
Du erinnerst dich? Ich wollte den Knopf auf meinem Hemd durch einen größeren ersetzen.
Stimmt. Jetzt, da ich darüber nachdenke... Auf dem Dachboden liegt noch so ein Tablett. Das ist sogar noch größer!
Waaas?
Wir haben uns den ganzen Nachmittag umsonst gestresst?
Hehe! Kleiner Scherz, Neffe! Wo ist der Knopf?

Schließ-
lich...
Frohe Weihnachten, Onkel Goofy!
Ui! So viele Geschenke!
Hjuck! Euer Weihnachtsmarkt hat mich inspiriert!
Ich habe einige Sachen verkauft, die auf meinem Dachboden lagen, um Weihnachtsgeschenke besorgen zu können!
Fantastisch! Komm rein und erzähl!
Ich kann aber nicht bleiben.
Alle meine Onkel und Tanten kommen zu Besuch! Es ist wohl besser, wenn ich all die Dinge zurückhole, die ich verkauft habe! Man weiß ja nie...
Hahaha!
Du bist einmalig, Onkel Goofy!
ENDE

Carlo Panaro (Story), **Nicolino Picone** (Zeichnungen)

Schön heißt es, das Hotel. Und ungemein originell.
Wir sind heute ja gar nicht giftig...
Hehe!
SCHNEE
Die Herrschaften wünschen?
Unseren Schlüssel, bitte. Wir haben reserviert auf den Namen Duck.
Zimmer 334, dritter Stock!
!
Habt ihr gesehen, wer das eben war, Jungs?
Nö. Wer?
SCHNEE

Na, Rikolo Richteis! Der bekannteste Vertreter des Radikalen Ridikülismus, einer Kunstform, die mit Schneeskulpturen arbeitet! Die kennt ihr doch wohl!
Klar.
„Der Kichernde Kühlschrank und Hütchen auf Würfeleis sind wohl seine bekanntesten Werke.“
Ja, man liest viel über ihn. Auch, dass er kein Netter sein soll.
Wer ihn kennt, hält ihn offenbar für einen Exzentriker.
Nur Neider, nickelige.
Würden Sie den Meister fragen, ob er uns empfängt?
Bedaure, mein Herr! Prominente Gäste dürfen nicht belästigt werden.
O bitte, bitte! Machen Sie eine Ausnahme! Nur für mich, ja?

Also, meinetwegen. Aber dafür müssen Sie... nun ja, eine Hand wäscht bekanntlich die andere...
...und wir waschen seine Wäsche!
Während er sich einen Lenz macht mit...
„...seiner Lieblingsbeschäftigung!“
Es ist mir ein Rätsel, dass Leute auf so etwas hereinfallen. Ein Kreuzworträtsel, sozusagen. Hehe!
Ächz! Fertig!
Gut, ich rufe ihn an.
Ja? Schön, ich sage es ihnen, Maestro!
Er erwartet Sie zu einer kurzen Audienz. In zwei Minuten.
Hurra!
SCHNEE

„Er hat Zimmer Nummer 412!“
412
KLÖPFEL
Ging ja zackig. Rein mit Ihnen.
412
Vielen Dank, Maestro!
Ach, Sie Vandale!
412
Was? Warum?
Weil Sie gerade quer durch meine Werkstudie gewatschelt sind mit Ihren Plattfüßen!
Werk-studie?
Gewiss! Schnee gewordenes Zeugnis meines Genies! Zu Matsch gelatscht von Banausenquanten.
Was für ein Hohlschwätzer!
Stimmt. Aber Onkel Donald verehrt ihn nun mal.

In Ihre Nähe watscheln zu dürfen, o Meastro, ist die Wahrwerdung eines wunderbaren Traumes, wirklich!
!
Schüler möchte ich sein Ihres Genies, Schnee in Ihren Meisterhänden!
Hmm...
Reden können Sie ja schon wie ein Ridikülist, und im Bauchpinseln sind Sie bereits Künstler. Das gefällt mir, und daher gebe ich Ihrer Bitte statt!
Tausend Dank!
Warten Sie draußen auf mich. Der Unterricht beginnt auf der Stelle!
Ich kann es kaum erwarten!
Das ist der ideale Ort! Hier gibt es Material in rauen Mengen.

Was bedeutet denn dieses Abzeichen?
Viel.
Es stellt die ultimative Würdigung dar von Werk und Künstler! G.R.R. ist eine Abkürzung und steht für „Großmeister des Radikalen Ridikülismus“!
G.R.R.
Dürfen meine Neffen wohl auch am Unterricht teilnehmen?
Warum nicht? Vier Bewunderer auf einmal verkrafte ich, da bin ich unbesorgt.
Nun füllen Sie die Schubkarre mit Schnee und schieben das Teil hierher!
Schnauf! Keuch!

Fertig!
Fein. Diesen Vorgang wiederholen Sie nun fünfzehn Mal.
Geschafft!
Bestens!
Und wofür brauchen Sie den ganzen Schnee?
Für nichts!
Auf diese Weise lernt euer Onkel, dass die Kunst eine schwere ist, und er wird es nie vergessen.
So wenig wie meinen ersten Griff in einen Kaktus.
Tja. Es ist schon spät. Gerade noch Zeit für eine letzte Lektion.
Was zum Geier?
SCHUBS

Da drin bleiben Sie für eine Stunde. Ist bisschen kühl, aber ein Radikaler Ridikülist muss völlig eins werden mit seinem Material!
Danke für den kleinen Schubs in die richtige Richtung.
Komm da raus, du erkältest dich doch bloß!
Nein! So leicht gebe ich nicht klein bei!
Gut, aber sag später nicht, wir hätten dich nicht gewarnt.
Und am Abend...
Haptschi!

Röchel.
Hier! Trink einen heißen Zitronentee, der wird dir guttun!
Willst du wirklich weiter-machen?
Verlasst euch drauf! Eine Mütze voll Schlaf genügt, und...
„...ich bin wieder ganz der Alte!“
Heute, Herr Duck, werde ich Sie lehren, wie man ein Meisterwerk erschafft!
Ich hänge an Ihren Lippen!

PÄTSCHEL
KLATSCH
PATSCH
Das war's! In aller Bescheidenheit eine meiner besten Arbeiten.
Spüren Sie's, mein Freund? Vielleicht flüstert Ihnen mein Werk selbst seinen Namen zu.
!
Na ja... kalt ist es. Wie wäre es mit „Tor aus Eis"?
Schwerhörig, wie? Und ein wenig fantasiefern.
Nein, ich werde es den „Frosthammerhammel" nennen! Ein berückendes Beispiel für Radikalen Ridikülismus!

Und nun Sie! Ich hoffe, Sie sind der lieben Muse ein schüchternes Küsslein wert.
Doch ja, ich glaube, mich umschmeichelt eine Idee, geboren aus dem Duft der hiesigen Berge.
PATSCH
PITSCH
PÄTSCHEL
Skulpturen schön und gut, aber nichts geht über eine Schneeball-schlacht!
Haha!

Fertig.
Und was möchte das darstellen?
Ich nenne es „Bärenstark“! Es stellt das Ringen dar eines Bärenjungen mit der Macht einer mitleidlosen Mutter Natur!
Hmm! In der Tat sehr ridikül! Und für einen ersten Versuch keineswegs zu verachten. Ich bin ein wenig beeindruckt.
Sie haben Anlagen, da lässt sich etwas entwickeln. Unter meiner kunstkundigen Führung, versteht sich!
Danke, Maestro!
Ächz! Meister Richteis, bitte! Schnauf!
?
Ich bin der Direktor des Hotels! Und Sie sind meine Rettung, so zu hoffen!

Morgen trifft der Prinz von Prachtberg-Primlrupf für einen kurzen Aufenthalt in unserem Hause ein!
Als er hörte, dass auch Sie bei uns zu weilen pflegen, ließ er Anweisung geben, dass ich Sie bitten möge, eine Schneeskulptur zu seinen Ehren zu erschaffen!
Lassen Sie mich nicht im Stich! Bitte sagen Sie Ja!
Hmm. Das kommt doch ein wenig kurzfristig.
Aber meinetwegen! Wenn ich Ihnen damit einen Gefallen tun kann.
Oh, danke!
Gut. Ein Werk muss her, das meiner würdig ist.
Der Unterricht ist für heute beendet. Ich ziehe mich zurück, um zu sinnen.

Tja. Wollen wir stattdessen eine Runde Ski laufen, Jungs?
Jaaa!
Neiiin!
Ein Spaziergang sollte es werden im Namen der Inspiration. Doch dann entdeckte ich jenes wunderbare Weiß mitten im Schnee und verlor vor lauter Hingeneigtsein das Gleichgewicht.
Mit den so bekannten wie beklagenswerten Folgen!
Ich bin erschüttert. Ihr armer Arm!
Wer wird nun die Statue für den Prinzen erschaffen?
Das könnte unser Onkel Donald machen!
Meister Richteis persönlich hat sein Talent gelobt!
Ich weiß nicht, Jungs...

Komm schon, Onkel Donald. Zeig allen, was in dir steckt!
Also, wenn ihr meint, dann will ich nicht kneifen!
Du bist der Beste!
Wenn ich mich etwas spute, bin ich fertig, bevor es dunkel wird.
PITSCH
PÄTSCHEL
LIEBKOS
Na, was sagt ihr? Ich nenne es „Weisheit in Weiß oder der Eisuhu“!
Große Klasse, Onkel Donald!

Es ist spät geworden, Jungs. Ab in die Falle!
...
Gut so! Dann habe ich freie Bahn für mein Vorhaben!
Der Prinz wird diese Skulptur niemals zu Gesicht bekommen! Hehe!
TSCHOCK
Am nächsten Morgen...
Hoheit! Was für eine Ehre für unser bescheidenes Haus!
Ich nehme es zur Kenntnis. Und nun möchte ich bitte die versprochene Statue sehen!

Da Maestro Richteis momentan nicht recht bei Hand ist, hat sich sein Meisterschüler Donald Duck der Aufgabe angenommen!
Jetzt, Jungs! Runter mit dem Lappen!
Oooooh!

Wie ist das schön!
Junger Mann, Sie sind ein großer Künstler!
Das war nicht das, was Sie erwartet haben, oder?
Hmm?
„Wir sind heute Morgen noch einmal hergekommen, um Fotos für unsere Fähnlein-Fieselschweif-Website zu machen.“

„So haben wir die Sabotage entdeckt!“
Das ist nicht wahr! Die ganze Kunst für die Katz!
Wer macht denn aber auch so etwas?
!
Das hier haben Sie heute Nacht verloren! Leugnen ist zwecklos!
Sie haben uns die Medaille voller Stolz gezeigt. Und genau über den sind Sie nun gestolpert!
G.R.R.
Maestro Richteis! Ich verlange eine Erklärung!
Seufz! Wenn Hoheit darauf bestehen. Also...

Ich wusste schon früh um Ihre Ankunft. Und daher habe ich Herrn Duck als Meisterschüler angenommen.
Weil ein Meister mit Schüler mehr hermacht. Und Hermachen ist die ganze Kunst bei der Kunst und damit gewissermaßen die halbe Miete.
Heißt das, Sie wollten mich beeindrucken?
Ja! Aber nicht aus Eitelkeit, sondern mit einem hehren Ziel.
„Ich wollte Sie dazu überreden, ein Museum für meine radikal ridikülen Werke zu finanzieren!“

Doch als Onkel Donald für Sie einsprang, haben Sie es mit der Angst bekommen!
Ja! Er war gut! Das hätte mein Ansehen als Ausnahmevirtuose und damit mein Gewicht bei den Verhandlungen geschmälert!
Schnaub! Sein unerwartetes Talent hat mich zu Fall gebracht!
Uack!
FLUTSCH
Ich helfe Ihnen gerne auch wieder auf.
Hrmpf!

Nach diesem Geständnis schätze ich Ihre Arbeit umso mehr, Herr Duck! Aber wie ist es Ihnen gelungen, so schnell Ersatz für das zerstörte Werk zu schaffen?
Mit tatkräftiger Hilfe meiner tüchtigen und talentierten Neffen.
Dank des Maestros!
Genau!
Wir haben viel gelernt in Ihren Lektionen. Ohne die wären wir an der Aufgabe mit Sicherheit kläglich gescheitert.
Grunz.
Als Dank sollen Sie einen Monat lang Gäste unseres Hotels sein, bei voller Kost und Logis!
Toll!

Aber mit der Kunst ist Schluss für mich, Kinder. Eine wunderbare Erfahrung wie diese lässt sich nicht wiederholen.
Dann mach eine neue!
Weißt du, wir haben unserem Fähnlein ein Foto von deinem Meisterwerk geschickt!
Und alle waren total begeistert davon!
Deshalb wünschen sich unsere Kameraden, dass du dem Fähnlein Fieselschweif Unterricht im Bauen von Schneeskulpturen gibst!
Was für eine Ehre! Und es wird mir ein Vergnügen sein! Hehe!
ENDE

Francois Corteggiani (Story), **Roberto Ronchi** (Zeichnungen)

Hol doch bitte Gläser und eine Zitrone, dann machen wir uns Schnee-Slushies!
Schon wieder?
Aha! Verstehe.
Dir ist langweilig?
Ein wenig.
Sollen wir etwas spielen?
Was denn? Wir haben doch schon alles durch.
Nein, Schach fehlt noch!
Übrigens, bei Schach fällt mir eine Geschichte ein...
O ja! Erzählst du sie mir? Bitte!

Nun spann mich nicht so auf die Folter!
Also...
Alles begann an einem Tag wie dem heutigen!
„Es schneite ohne Unterlass..."
Wahnsinn!
„Trotzdem wollte ich zu Klarabella gehen..."
Ich hoffe nur, dass ich mich nicht in eine Schneefrau verwandelt habe, bis ich bei Klarabella bin!
„Es war bereits spät und die Straßen waren nahezu verwaist..."
„Doch plötzlich..."
KREISCH
Huch?

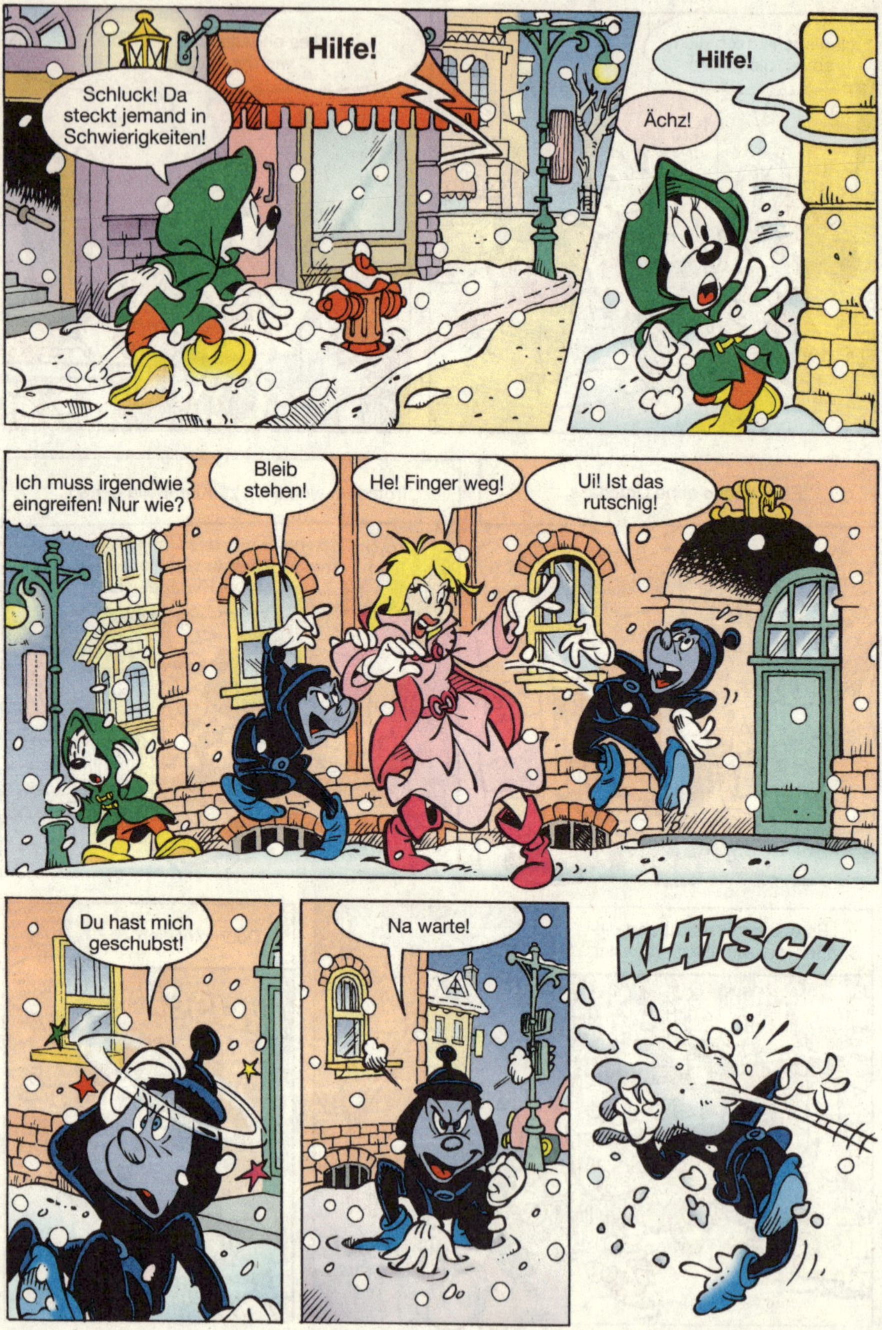
Schluck! Da steckt jemand in Schwierigkeiten!
Hilfe!
Hilfe!
Ächz!
Ich muss irgendwie eingreifen! Nur wie?
Bleib stehen!
He! Finger weg!
Ui! Ist das rutschig!
Du hast mich geschubst!
Na warte!
KLATSCH

Wer ist das, der...
Warum mischst du da dich ein?
FLATSCH
Ha, Treffer! Hinfort mit dir, Schurke!
Urgh!
PLATSCH
Komm, verschwinden wir, bevor die beiden sich wieder berappeln!
Aber...
Wir haben keine Zeit zu verlieren!
He!

Sie werden unseren Spuren im Schnee folgen!
Du hast recht!
Moment mal!
Sieh nur!
Hm...
Im Schnee sind nur **meine** Fußabdrücke!

Wohl wahr! Meine sucht man vergebens! Ähehe!
Wie ist das möglich?
Das erkläre ich dir, wenn wir in Sicherheit sind! Bis dahin sind auch deine Spuren verschwunden!
Halt! Nur Gespenster hinterlassen keine Fußabdrücke!
Hab Geduld, dann wirst du es verstehen!
„Die beiden schrägen Vögel konnten uns nur bis zu einem gewissen Punkt folgen, ehe..."
Hier ist Schluss!
POST
Schlag Alarm! Wir müssen sie wiederfinden!
Sofort!
TÄTÄ

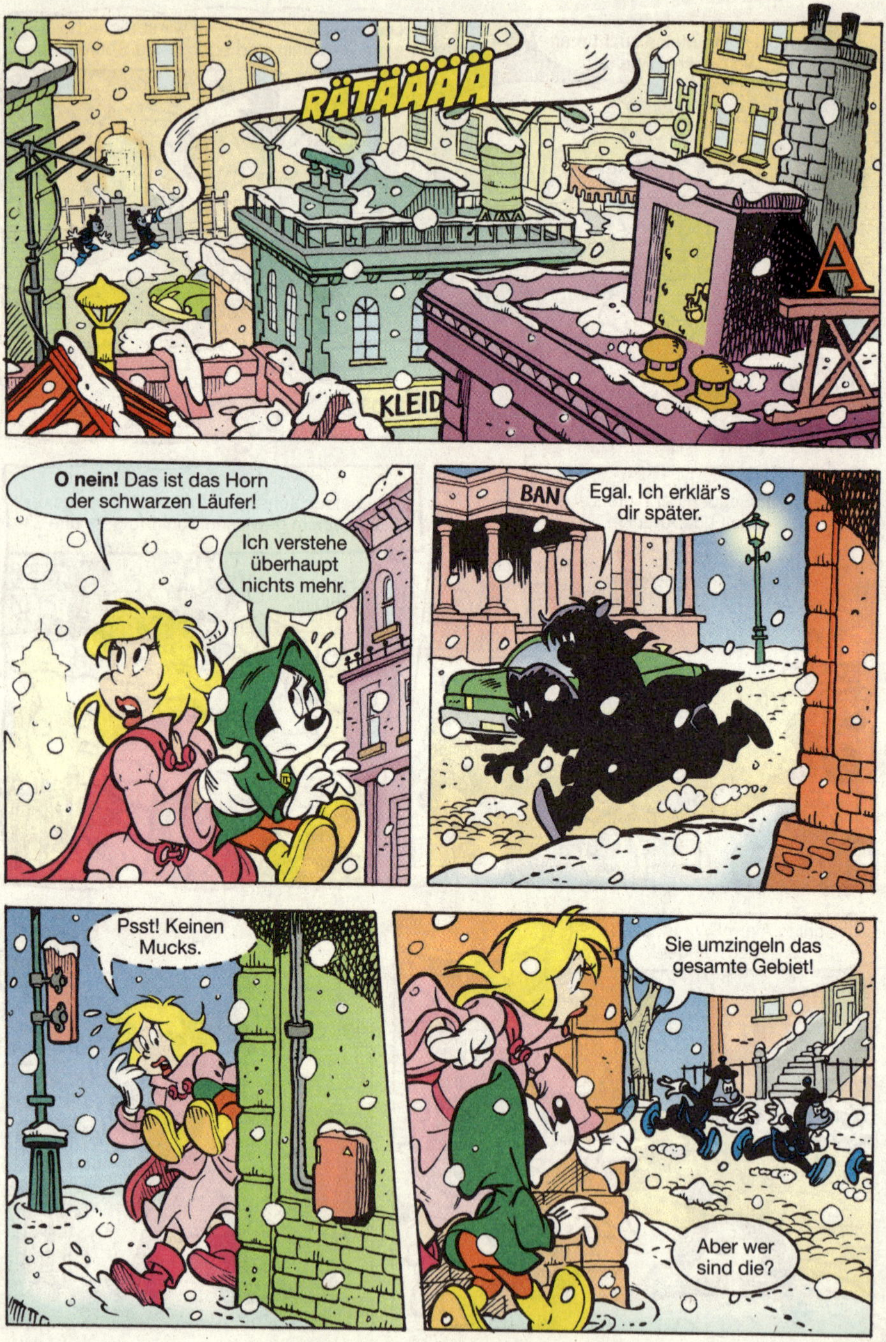
RÄTÄÄÄÄ
HOT
KLEID
O nein! Das ist das Horn der schwarzen Läufer!
Ich verstehe überhaupt nichts mehr.
BAN
Egal. Ich erklär's dir später.
Psst! Keinen Mucks.
Sie umzingeln das gesamte Gebiet!
Aber wer sind die?

Die Läufer! Die Handlanger einer bösen Macht.
Hier entlang!
Sind sie weg?
Scheint so.
Folge mir!
Wohin?
Da! Ich habe ein Versteck entdeckt!
Nun...
Warte, ich trage dich besser.
Hier gönnen wir uns eine kurze Verschnaufpause, und ich erkläre dir alles!

Es ist eine lange Geschichte!
Doch in der Nähe...
Harhar!
Ich hatte genau den richtigen Ort für ein kleines Päuschen ausgewählt!
Die Belohnung hole ich mir!
Weißt du… ich bin eine Königin!
Eine Königin?
Eine Königin?

Ja… sie war eine Königin, aber keine gewöhnliche.
Johanna, so war ihr Name, kam aus einer weit entfernten Welt…
…aus der Welt des Schachs. Dort gibt es noch eine zweite Königin.
„Johanna war auf ewig dazu bestimmt, wie eine Salzsäule dazustehen, abgesehen von einem einzigen Tag im Jahr…“
„Dem Tag der Königin, um genau zu sein! Es gibt übrigens auch einen Tag des Königs und einen Tag des Springers.“

„Diese Tage können dazu genutzt werden, sich die Beine zu vertreten.“
Endlich! Uff! Länger hätte ich es nicht ausgehalten!
„Johanna beschloss also, einen Blick in den Dimensionsbrunnen zu werfen, der ihre Welt mit der unsrigen verbindet!“
Der Brunnen der Freiheit! Wenn ich es wagen sollte...
„Aber nicht nur Johanna war aus der Starre aufgewacht...“
He da! Wohin des Weges?
Die schwar Königin!
Ich will nicht mehr herumstehen!
„Kurzerhand sprang sie in den Brunnen und landete hier in Entenhausen...“
PLUMPS

W-wo bin ich?
Nun, jedenfalls bin ich frei!
Und an einem entzückenden Ort obendrein!
Wie leichtfüßig die Dame ist! Sie hinterlässt nicht einmal Fußabdrücke!
„Die Läufer des schwarzen Königs aber waren ihr bereits auf den Fersen..."
O nein!
Kreisch!

Den Rest kennst du.
Aber wenn heute der Tag der Königin ist, wie kommt es, dass sich auch die Läufer bewegen können?
Ich habe mit meiner Flucht in eure Welt das ganze Schachbrett durcheinandergebracht!
Verstehe.
Und dann?
Sind wir zu mir gegangen.
„Jedenfalls war das unsere Absicht, aber..."
Siehst du jemanden?
Nein, beeilen wir uns! Bei mir zu Hause bist du in Sicherheit.
„...man hatte uns bereits entdeckt!"
Aaah!
Buh!

Halt,
bleibt st...
KLATSCH
Lauf!
„Wenig später
jedoch..."
Die schwarzen
Läufer!
Schachmatt!
Ihr sitzt in
der Falle!
Nein!
Verschwindet!

Schert euch hinfort und lasst die holden Damen in Frieden!
Der weiße Springer!
Unser Retter in der Not!
23
ALLEE
CYNTHIA & ICH
Obacht!
Los, springt auf!
Wie sieht unser nächster Zug aus?
Wir müssen das Pferd aufhalten!
Hurtig, alter Knabe, flieg los!

Ich weiß, dass wir schwer beladen sind, aber wir müssen abheben!
?
Haltet euch gut fest!
Ich träume wohl!
Zu spät!
Schlag Alarm, schnell!

TÄTÄ-
RÄTÄÄÄÄ
Das Horn! Sie rufen Verstärkung!
Pah! Wer soll uns schon aufhalten?
Der schwarze Springer!
Ergebt euch!
KLATSCH

Treffer, Minnie!
Zum Glück liegt überall Schnee. Er fällt weich...
HOTEL
Obacht!
FLATSCH
Und dann?
Dann...
„...haben wir drei uns genau hierher begeben, in mein Haus..."
Ich weiß nicht, wie ich Euch danken soll, tapferer Springer!
MINNIE

Schenkt mir Euer Herz! Seit Ewigkeiten bewundere ich Euch schweigend!
Wie seltsam!
Mir geht es genauso, Johann!
Oh, Johanna!
Ähm… ich störe ungern, aber ihr seid in Gefahr!
Minnie hat recht!
Die Springer des Königs werden euch bestimmt nicht einfach so ziehen lassen! Was gedenkt ihr zu tun?
Wir wollen für immer zusammenbleiben und nie wieder in unsere alte Welt zurückkehren!
BUMM
BUMM
BUMM
Die Läufer! Sie sind hier!

Und sie haben die Türme mitgebracht!
Wir sind umzingelt!
Ergebt euch!
BIMMEL BIMMEL
Was machst du denn hier?
Ich bin des Königs Hofna... **aaargh!**

Was sollen wir tun?
Hm! Ich habe vielleicht eine Idee!
Und?
Es gab nur eine Möglichkeit!
„Und so, in jener Nacht…"
Der Tag der Königin geht zu Ende, Hoheit!
Ergebt euch!
Gib Ruhe!
Ich habe nichts gemacht!
„Genau in diesem Moment…"
He, du!

Alarm! Die Königin flieht!
SCHMUCK
Alle Läufer begaben sich auf Verfolgungsjagd!
Hier entlang!
T420
Den Spuren nach!
Spuren? Aber...
Ganz genau! Das war ich... verkleidet als Königin!
„Während ich die Läufer in die eine Richtung lockte, flohen Johanna und Johann in die andere Richtung!“

„Und so, am folgenden Tag
in der Welt des Schachs…“
Raus mit dir,
Johanna!
Aber… du
bist nicht
Johanna!
Guten Tag, Eure
Hoheit!
E-eine
Fremde?
Ich kann mich nicht... mehr...
be…wegen...
Sie haben sich wieder in
gewöhnliche Schachfiguren
verwandelt!
Auch er!

Aber ja! Der Tag der Königin ist vorbei!
Wie komme ich jetzt bloß nach Hause?
Ich weiß nicht...
AAAAAH
Ächz! Jetzt weiß ich es!
Und so trudelte ich tatsächlich vom Schachbrett zurück... Was für ein Abenteuer, kann ich dir sagen, Milli!
Und Johanna und Johann?
Oh, die beiden sind glücklich miteinander!

Komm, zieh deine Jacke an!
Wohin gehen wir?
Wir besuchen die Königin und den weißen Ritter.
Leben sie in der Nähe?
O ja! Ganz in der Nähe!
MINNIE
Und zwar hier, im Park!
Da sind sie, glücklich und vereint! Auf immer und ewig!
Alle Verliebten kommen hierher, um sie zu grüßen!

„Das bereitet den beiden große Freude!“
Und du? Was hast du danach gemacht?
Ich?
„Ich habe Klarabella besucht, was sonst?“
Oh, Minnie! Hast du Lust auf eine Partie?
Eine Partie? Schach etwa?
Öhm… Was willst du denn spielen?
Dame natürlich… wie immer!
Ach ja, klar! Gern!
ENDE

Alberto Savini (Story), **Corrado Mastantuono** (Zeichnungen)

Giustina Porcelli (Story), **Giuseppe Zironi** (Zeichnungen)

Ich will nicht länger das Schlusslicht in der Entenhausener Schurkenliga sein!
Ich werde etwas ausklügeln, das meinem Genie endlich zum Durchbruch verhilft...
...und mir zur verdienten Anerkennung als ausgekochter und gewiefter Ganove.
Das Telefonbuch her! Und zack!
BONK
Hm... hm... nein, da nicht... aber da! Der Supermarkt am Stadtrand.
RASCHEL
BLÄTTER

Habe ich das richtig verstanden, Schnuffel? Du willst einen Supermarkt überfallen?
Klar! Das ist der ideale Ort zum Üben. Und mich kennt da ja keiner.
Trotzdem ist es zu gefährlich!
Wie?
Traust du meinen Fähigkeiten nicht?
Schon, aber schau dir das Wetter an. Da kann mich sich leicht erkälten, Katerchen.
Keine Bange, Trudilein. Ich ziehe mich warm an.

Und später...
So, da wäre ich schon!
SUPER-MARKT
Trudi und ihr Selbstgestricktes! Der Pulli ist so dick, dass ich mich darin kaum bewegen kann.
Und gefühlt wiegt er gut einen Zentner... keuch!
Hehe! Wer durch die Dachluke einsteigt, hinterlässt so gut wie keine Spuren.
KRACKS
Hnngh! Nichts zu machen! Die Klamotten tragen doch recht stark auf.

Wenn es weiter nichts ist, dann...
...zieh ich mich eben aus!
Passt noch nicht!
Tut mir leid, Trudi, aber dein Pullover wird mir meinen genialen Plan auf keinen Fall vermasseln.
Zum Geier auch! Jetzt geht gar nichts mehr! Weder vor...
„...noch zurück!“
Ich-will-aber-da-durch!

Ich stecke also fest... okay! Das ist noch lange kein Grund zur Panik. Denk in Ruhe nach, Karlo...
Hilfääääää! Ka-halt!
Hm... offenbar habe ich mich verfahren.
Besser, ich schaue mal im Stadtplan nach...
Hilfe! Ich bin hier oben!
Hört mich denn keiner?
Da ist jemand in Schwierigkeiten. Hat der ein Glück, dass ich mich in der Straße geirrt habe.
SUPER-MARKT
ENDE

Augusto Macchetto (Story), **Antonello Dalena** (Zeichnungen)

Das tut er. Und bald...
Sieht aus, als könnten wir bis ganz nach Gansbach laufen.
Voll-bremsung!
SKRIIIETSCH
Was hat er denn plötzlich? Ist er auf dünnes Eis geraten?
Keine Sorge, das Eis ist schön dick.
Genau wie Guido es mag.
Eiszapfen! Mjam! Ich liebe Eiszapfen!
Am besten schmecken sie, wenn man sie in etwas Süßes tunkt.
Zu dumm, das ich die Marmelade zu Hause vergessen habe.
Macht nichts. Ich habe welche dabei.
Unglaublich!
Meinst du? Gestern hat er heiße Würstchen ausgepackt.

Bald darauf, im Café...
Mal ehrlich, schmeckt der Eiszapfen wirklich so lecker?
Nur gut gekühlt.
Hehe!
DINGDELING
GELINGDING
LINGDING
DINGELING
Nanu? Was bimmelt denn da draußen?
Das ist der alte Frostfinger-Fred.
Der komische Einsiedler, der oben in den Bergen haust?
Ja! Er liebt den Schnee! Kommt nur ins Dorf, wenn es mit dem Schlitten geht.
DING
DELING
DING
Dann kauft er ein und ist gleich wieder weg!
Kein Wunder, bei dem Tempo!
WILL-KOMMEN!

Herzlich willkom... mmmpf!
Ups! Entschuldige den Schneesturm, Kumpel!
FLOOOOSCH
Sie entschuldigen sich bei einem Schneemann?
Klar! Er ist ja ein Mensch wie du und ich.
TÄTSCHEL
So, ich brauche jetzt eine Tasse heißen Kakao. Kommt ihr mit und leistet mir Gesellschaft?
Au fein, Herr Fred!
Und wenig später...
Hach ja! Das tut gut!

He, Fred! Warum erzählst du uns nicht was?
Ja, eine deiner Geschichten aus dem ewigen Schnee!
Die erfinde ich selbst, um mir in frostigen Wintern die Zeit zu vertreiben.
Ich würde lieber Eiszapfen knabbern...
Aber manche von ihnen sind wirklich wahr.
Erzählen Sie uns doch eine! Bitte!
Na gut! Eine kurze, aber faszinierende Geschichte! Die Geschichte des scheuen Schatzes...
Er liegt näher als fern, an dem Weg, der da ist und auch wieder nicht.
Er kann zum Greifen nah sein, doch du wirst es nicht wissen.

Ist er zu finden, ist er nicht zu sehen. Ist er zu sehen, ist er nicht zu erreichen!
Hm.
Hm.
Hm.
Hm.
Hehe! Diese Geschichte macht immer Eindruck!
Hm.
Hm.
Während sie grübeln, gehe ich in Ruhe einkaufen.
Warten Sie, Herr Fred!
Ja?
Bitte geben Sie uns noch einen Hinweis, ja? Einen klitzekleinen!
Ach, Kinder, geht lieber spielen und denkt nicht über irgendwelche Schätze nach.

Menschen streiten wegen Schätzen. Man schläft schlecht, wenn man an Schätze denkt.
Hm.
Hm.
Hm.
Aber wenn wir einen finden, könnten wir das Dach der Schule reparieren lassen!
Und unser Dorfplatz könnte auch ein bisschen Kosmetik vertragen!
Ihr meint das ernst, wie? Ihr seid selbst echte Schätze! Also gut, Kinder, passt auf...
Sucht auf dem Weg zum Meer, wo plötzlich der Schatten fällt!
Aha!

Daher...
WILLKOMMEN IN GANSBACH
Die Landstraße zum Meer hat die Nummer 186!
Gut, dass da vor Kurzem erst der Schneepflug geräumt hat.
TANKE
Doch...
186
Leute, ist das eine Kälte!
Und kein Schatten weit und breit!
Ich hatte gedacht, es sei der Schatten irgendeines Berges gemeint.
Hier gibt es aber keine Berge.
Und keine Eiszapfen! Ich schlage vor, wir kehren um!

Vielleicht gibt uns Fred ja noch einen anderen Hinweis.
Aber...
Der alte Fred? Ist den Fluss entlangge-gangen!
Oje.
Und nun?
Gehen wir auch! Vielleicht kommt uns eine Idee!
Aber zuerst gönnen wir uns noch einen heißen Kakao gegen die Kälte! Das muss sein!
So...
Und wenn Fred einen anderen Weg ans Meer meinte?
Kennst du einen?
He! Obacht!
Ups!
SCHLORPS

Mir auch! Ich denke daran, die Bescherung einfach aufzulecken!
Untersteh dich, Guido, igitt! Du bist so ein Ferkel!
Freunde, mir kommt da ein Gedanke!
Kommt, hört auf und schaut! Wenn der Kakao unser Fluss wäre, wohin würde er dann fließen?
Na zum Meer.
Und ein vereister Fluss ist irgendwie eine Art Weg, oder?
Stimmt! Das hat Fred gemeint, glaubst du?
Der Weg, der da ist und auch nicht, so hat er es genannt!
Ein Fluss wird nur dann zum begehbaren Weg, wenn er zugefroren ist!
Den Kakao kann ich jetzt wohl erden, oder was?

So...
Sieh mal an.
Vielleicht war die Idee doch nicht so gut.
Vorwärts, Donni! Aufgeben gilt nicht!
Die scheinen ja zu wissen, was sie tun, die Stöpsel.
Ich bleibe dran, falls sie wirklich den Schatz finden!
He! Nun schaut euch das an!
Wir haben den Schatten gefunden!

Hier verschwindet der Fluss in einer Höhle!
„Wo plötzlich der Schatten fällt." Klarer Fall.
Oh! Das ist steil! Wollen wir wirklich da runter?
Und ob!
Weil es da unten sicher von kolossal gigantischen Eiszapfen nur so wimmelt!
Tja, damit ist die Entscheidung wohl getroffen. Uns bleibt keine Wahl.
Mir nach!
SCHLITTER

Wenig später...
Von wegen Eiszapfen! Nichts als Finsternis findest du hier!
Aber ich habe etwas schimmern sehen.
Stimmt! Dort vorne glitzert es ganz doll!
Das ist eine...
...wunder-bare...
...Grotte voll riesiger Eiszapfen! Boah!

Unglaublich schön, nicht wahr?
Ja, aber ich frage mich, wo das Licht herkommt!
Ich vermute, das dringt durch eine Felsspalte, die man von hier aus nicht sieht.
Guido! Du kannst es einfach nicht lassen!
Nein. Schleck! Es ist stärker als ich.
Wehe du nagst eine der Eissäulen an!
Wieso?
Weil sie die Höhlendecke tragen!
Verstehe. Aber ganz leicht lecken kann doch nicht schaden?
Guido!

Denkt daran, was der alte Fred gesagt hat!
„Ist er zu finden, ist er nicht zu sehen."
„Ist er zu sehen, ist er nicht zu erreichen."
Und wenn es das Eis ist? Das ist durchsichtig und damit irgendwie unsichtbar.
Aber Eis ist kein Schatz.
Für mich schon! Mjam!
Der macht mich wahnsinnig.
Suchen wir weiter.
Im Inneren des Eises vielleicht?
Dann müsste man etwas sehen. Weil Eis doch transparent ist, Rafaela!

Einige Zeit später...
Und? Was gefunden?
Nein! Ich fürchte, das war ein Schlag ins Wasser!
Ins Eis, genau genommen!
Stimmt! Hehe!
Ich bin zufrieden. Ich habe sämtliche Eiszapfen verspachtelt.
So, hat's geschmeckt?
Ja. Bloß die blöden Kristalle, die im Eis eingeschlossen waren, haben genervt.
!
?

Aber... aber das sind Diamanten, Guido!
Warum hast du nichts gesagt?
Pfah. Da will man dann einmal nicht nerven...
KRACKS
Schaut nur!
Die Diamanten stecken im Fels, und durch die Eisschicht sieht man sie nicht funkeln!
Tja.
„Er kann zum Greifen nah sein, doch du wirst es nicht wissen!"
Und was heißt „Ist er zu sehen, ist er nicht zu erreichen"?
Ganz einfach.

Im Sommer schmilzt das Eis, und die Felsen liegen frei!
„Dann sind die Diamanten zu sehen."
Aber der Fluss stürzt in dieser Zeit mit Macht in die Höhle.
„So ist der Schatz nicht zu erreichen!"
Gut. Kapiert. Aber wie kommen wir jetzt wieder hier raus?
Zurück über den gefrorenen Wasserfall.

Doch...
Sinnlos! Zu steil und zu glatt.
Ich könnte ein paar Stufen reinknabbern!
SCHLITTER
Du nervst!
Das war ein Scherz. Nicht dein Humor, richtig?
DINGDELING
GELINGDING
LINGDING
DINGELING
Hört mal!
Frostfinger-Fred! Er kommt zurück zu uns!
DING
DELING
DING
Falsch, Donni! Ich war nie weg!

Ich hatte das deutliche Gefühl, dass ich euch besser im Auge behalten sollte!
Gut gefühlt!
Und nun bringe ich euch sicher wieder nach Hause!
Aber zuvor...
Zuvor wollt ihr ein paar Diamanten pflücken, wie?
Tut das, für eure guten Zwecke! Aber haltet den Ort geheim, sonst holt am Ende noch jemand alle Edelsteine!
Oder gar alle Eiszapfen! Das wäre noch viel schlimmer!
Ach, Guido.

Eine Woche später...
Ein schönes Fest, alles was recht ist!
Die Diamanten waren ein Segen für Quackhausen! Das verdanken wir Ihnen!
QUACKHAUSEN FEIERT!
Gern geschehen! Aber nun muss ich los, die Berge rufen!
Moment!
Wir haben ein kleines Geschenk für Sie! Es war meine Idee.
Eine Thermoskanne voll heißem Kakao, damit Ihnen unterwegs warm wird!
TANKE
Das ist wirklich reizend von euch, Kinder!

Ich lasse euch etwas vom Berg kullern, als Gegengabe!
Echt?
Ja! Die größten Eiszapfen, die du jemals gesehen hast! Ich bin sicher, dass du deine Freude an ihnen haben wirst.
!
Daher...
Das kann dauern, Guido! Willst du hier draußen Wurzeln schlagen?
Er muss doch erst oben ankommen!
Und dann muss er die Eiszapfen noch ernten!
Ich warte und basta!
ENDE

Federico Buratti (Story), **Francesco Guerrini** (Zeichnungen)

Das ist mein alter Schlitten, den ich in meiner Zeit am eisigen Klondike verwendet habe!
ALASKA
Ein solides, zuverlässiges und nicht zuletzt kostenfreies Transportmittel!
Schluck! Sind Sie sich sicher, dass das eine gute Idee ist?
Seien Sie unbesorgt, Baptist! Los, verpassen Sie dem Schlitten einen kräftigen Schubs!
Juchhuuu! Aus der Baaahn!
Pfannkuchen, ich komme!

WUSCH
Schluck!
Aaaarg!
WITSCH
KLOMP
Zu Hil...
HOTEL
OPTIKER
TUMP
He!
BAMM
Kreisch! Ich sehe nichts mehr!
OPTIKER
SWISCH
SWUSCH
SCHLITTER
SCHLIPP
Uff!
SPORT
PLOFF
SCHPANF

Hehe!
Schluck! Herr Duck? Was machen Sie denn für Sachen in Ihrem Alter?
KK-2
Vielen Dank fürs Mitnehmen!
ZUUUUMM
SWISCH
In-dessen...
Hm... Merkwürdig, dass Onkel Dagobert noch nicht aufgekreuzt ist! Vielleicht hat der Schnee...
Uack!
Für mich eine doppelte Portioooo-hon!
SCHTUMP
WUUUUSCH

Gllb! Ich hatte sehr auf eine weiche Landung gehofft...
DD
DD
Am Ende des heiß ersehnten Mahls...
Respekt, Neffe! Die Pfannkucken waren wirklich sehr gut! Und alles andere auch...
Aaah, was für eine Genugtuung! Dank meines alten Alaska-Schlittens war ich im Nu bei dir, ohne auch nur einen Kreuzer für Spritkosten ausgeben zu müssen! Tja, gewusst wie.
Allerdings hast du nicht bedacht, dass du auch wieder nach Hause kommen musst. Du wirst wohl oder übel zu Fuß gehen müssen...
Warum das denn? Man bedenke nur, dass ich einen starken Neffen habe, der mich auf meinem Schlitten bis zum Geldspeicher ziehen kann! Oder soll ich erst die Schuldenliste zücken...?
Außerdem erwäge ich, noch etwas länger hierzubleiben. Was gibt es denn nachher zum Abendessen?
Grrr!

Mmh…Möglicherweise habe ich eine etwas praktischere Lösung gefunden!
Gähn... Die da wäre?
Nun, wenn man die entsprechenden Gegenstände benutzt, kann man eine Vorrichtung bauen, die dich in Nullkommanichts zum Geldspeicher bringen wird!
Macht euch bereit zum Abschuss! Drei... zwei... eins...
Schluck! Und du bist sicher, dass das funktioniert?
ENDE

Marco Nucci (Story), **Fabrizio Petrossi** (Zeichnungen)

„Dreht Ihr Nachbar die Musikanlage immer voll auf?“
„Ist Ihre Frau Mutter eine wahre Plage?“
Das ist deine Schuld, Quintus! Du hättest ein Haus in einer besseren Wohngegend kaufen sollen.
Verschenken Sie zu Weihnachten schrottreifes Spielzeug. So drücken Sie Ihren Unmut aus, ohne ein Wort sagen zu müssen. Hier!
?
Von abgewrackten Autos bis zu defekten Sportgeräten hat P&P für jeden etwas im Angebot.
?
Wunderbar! Wo kann ich denn diese genialen Geschenke kaufen?
WUMMER
BONK
In allen Filialen von P&P, lieber Quintus.
WUMS

Nutzloses Spielzeug für Groß und für Klein!
Weil nicht jeder verdient, glücklich zu sein.
Genau so ist es, Quintus!
Kaputte Spielsachen? Wozu das denn?
Wieso sitzt du immer noch auf dem Sofa, Goofy?
Seit wann braucht man einen Grund, um auf dem Sofa zu sitzen? So ein Sofa ist doch genau dafür da.
Aber wir wollten in den Ahornpark. Dort hält der neue Bürgermeister eine Rede.
Die können wir uns doch auch bequem von zu Hause aus ansehen, im Entnet.
Leider nicht. Minnie wäre mir auf ewig böse, wenn ich nicht im Park erscheinen würde.

„Beeilen wir uns, Goofy! Rudi und Klarabella sind bestimmt auch da."
ARTUR FERDI APPELMUS

Der Verkaufsstand von Dries Drechsler! Ich liebe sein handgemachtes Spielzeug!
Nicht jetzt! Bürgermeister Birnbrot fängt gleich an!

Liebe Mitbürgerinnen und Mitbürger! Wie schön, die letzten Tage als Bürgermeister in dieser magischen Zeit erleben zu dürfen.
FERDI APPELMUS
Es waren bewegende Jahre, in denen ich versucht habe, Entenhausen mein Bestes zu geben.
Na, das wurde ja auch Zeit!
Entschuldige, aber... du weißt doch, der Verkehr...
Verkehr? Wir sind doch gar nicht mit dem Auto...
Aua!
Aber Schluss mit der Gefühlsduselei. Ein neues Abenteuer beginnt. Dazu rufe ich meinen Nachfolger auf die Bühne...

...Herrn Artur Ferdi Appelmus!
KLATSCH
KLATSCH
KLATSCH
ARTUR FERDI APPELMUS
Danke, danke, meine liebsten Lieben!
Kläff!
Ich erspare uns die übliche salbungsvolle Vorrede und komme gleich zu meiner ersten Maßnahme.
Wir leben in verstörenden Zeiten, in denen die Wahrheit sehr schnell von der Lüge verdunkelt wird. Oh ja.
Denken Sie nur an all die Falschmeldungen, auch Fake News genannt.

Es liegt an uns, das zu ändern. Und dazu habe ich mir ein Spiel einfallen lassen.
Es heißt, „Wahrhaftige Weihnacht". Jeder kann mitmachen. Es beginnt genau jetzt...
...und endet an Heiligabend. Bis dahin muss man mindestens einmal am Tag einer Person offen und ehrlich die Meinung sagen.
Es spielt keine Rolle, wem ihr etwas sagt, wenn es nur ehrlich ist.
Wahrhaftigkeit kann die Welt verändern. Und das wollen wir beweisen. Nicht wahr, Fido?
Kläff!

Klatscht ihr, weil ihr von meiner Idee begeistert seid, oder weil ihr eure Hände wärmen wollt?
KLATSCH
KLATSCH
KLATSCH
Um die Wahrheit zu sagen, wegen beidem, Herr Bürgermeister!
Bibber!
Das ist die richtige Einstellung, meine Lieben!
Hehehe!
Ein Fest der Aufrichtigkeit... das klingt gut.
Und ist äußerst weihnachtlich.
Wir werden uns an Heiligabend wieder hier im Ahornpark treffen, meine Lieben!

„...bis dahin fröhliche Wahrheit...“
Also... wer will anfangen?
Darf ich?
Ich hatte am vergangenen Mittwoch gar keine Erkältung. Das war eine Ausrede.
?
Ich bin es leid, jeden Mittwoch einen Film anzuschauen. Nur habe ich mich bisher nie getraut, es dir zu sagen, Goofy.
Wirklich? Tja, also...
...ich bin froh, dass du es gesagt hast. Ehrlichkeit ist unter Freunden wichtig.
Meine Rede.
Was hältst du davon, wenn wir den Filmabend auf montags verlegen?
Haha!

Dein Schnarchen ist so laut wie ein Posaunenchor. Es ist zum Verzweifeln.
?
Wieso hast du nicht schon längst etwas gesagt, Petunia! Das kann man mit einem Nasenpflaster kurieren.
Du bist ein Schatz, Albert.
Dein Hut ist echt furchtbar, Issel.
Wie deine Stiefel, Steinbeiß.
Danke für deine tolle Ehrlichkeit, du.
War mir ein Vergnügen, Kollege.
Von deinen Kartoffelpuffern bekomme ich immer Sodbrennen, Liebes.
Gut, dass du es sagst.
PARK
Ich konnte dich noch nie leiden, Niko!
Ich dich auch nicht, Klaus.

Das Spiel ist schon voll im Gang.
Und wie es aussieht, kommt es gut an.
Weil es Spaß macht. Und am 25. Dezember werden wir uns erleichtert und befreit fühlen.
Hier ist die Puppe, die Sie bestellt hatten, Frau Kuh.
Danke sehr, Herr Drechsler.
Allerdings muss ich sagen, sie ist nicht gerade eines Ihrer Meisterwerke. Unoriginell, wissen Sie?
?
Die Idee des neuen Bürgermeisters hat die Entenhausener überzeugt.
AHORN PARK
ETV
Im Zeichen der Ehrlichkeit wird es garantiert ein beschauliches Weihnachtsfest werden. Aus Entenhausen, Ihr Veit Vielleicht.
ETV

8. Dezember. Noch sechzehn Tage bis zum Heiligen Abend...
P&P
MINNIE MAUS
Danke für den Tee, Minnie. Aber um ehrlich zu sein, er schmeckt überhaupt nicht.
Ich weiß deine Offenheit ja zu schätzen, meine liebe Klarabella...
...auch wenn, um ebenfalls ehrlich zu sein, du noch nie Sinn für feinen Tee hattest.
Du bist äußerst direkt... danke dafür.
Hehehe! Wie schön, dass ihr euch so gut versteht. Bekomme ich auch ein Täss-chen Tee?
Nur zu gern! Dir wird er sicher auch köstlich munden, Micky.
Ich habe ihn ordentlich gezuckert. Das überdeckt das Bittere, weißt du?

10. Dezember. Vierzehn Tage bis Heiligabend...
Schönen Tag, Rudi.
Wünsche ich dir auch, Goofy! Wie gefällt dir meine neue Wandfarbe?
Hm... gar nicht... sie ist mir ein wenig zu eintönig. Sehr beige.
Ähm... es war richtig, dass du es gesagt hast...
Und wo wir gerade wahrhaftig sind, ich fand deinen Hut schon immer beknackt.
Mir gefällt er. Es lebe die Aufrichtigkeit.
Umpf!
P&P
Für ein ehrliches FEST!
Umpf!

11. Dezember...
Petunia, deine Torte schmeckt, äh.... seifig.
Danke für den Hinweis, Albert.
Umpf!
13. Dezember...
Der Lärm ist unerträglich! Kannst du den Schnee nicht leise räumen?
VRRRR
Natürlich, Klarabella!
Umpf!
Du bist als Weihnachtsmann echt eine Niete, Niko.
Ich werde mich bessern, Klaus.
Umpf!

14. Dezember...
Du schläfst zu viel.
Du arbeitest zu wenig.
Du machst mich wahnsinnig!
Umpf!
Umpf!
Umpf!
15. Dezember...
Umpf!
Wofür ist denn dieses empörte „Umpf“?
Du hast gesagt, meine Stimme sei schrill. Das stimmt nicht!
Schrill wie die Sirene einer Alarmanlage.
Findest du es nett, deiner Verlobten so etwas zu sagen?
Immer noch besser als mit einer Lüge zu leben.

Für dich scheine ich ja nur aus Fehlern zu bestehen.
Das musst **du** gerade sagen.
„Dir passt an mir doch gar nichts! Angefangen bei den Essmanieren…“
Dein Schlürfen ist unerträglich. Benutze doch bitte das hier.
„…bis zu der Art, wie ich mich kleide…“
Stell doch nicht immer den Kragen hoch. Das sieht aus, als wolltest du krampfhaft auf lässig machen.
?
Ich sage nur die Wahrheit!
Meinetwegen! Aber bitte nicht immer so schrill!
Umpf!
Doppel-Umpf!
Seufz.
Weihnachten rückt immer näher. Und womöglich hat sich Veit Vielleicht geirrt…

Kann es sein, dass das Fest alles andere als besinnlich wird?
Du gehst mir auf die Nerven!
Du mir auch, Schatz!
Ich bin eure dauernden Streitereien echt leid!
Grrr! Ich habe es satt!
Und ich erst!
19
20 DEZEMBER
21 DEZEMBER
22 DEZEMBER
23
18 DEZEMBER
Umpf!
Umpf!
Umpf!
SHOP

24. Dezember, mittags. Man hat sich zu einem ersten Festschmaus bei Goofy eingefunden, aber die Stimmung ist alles andere als feierlich...
Hör auf, mir dauernd über die Schulter zu starren! Das nervt!
Umpf!

Nein, nicht die Marzipan-Schneemänner aufhängen! Die kann ich nicht ausstehen!
Umpf!
Musst du immer mit dem Fuß aufstampfen, wenn du gereizt bist? Das geht mir echt auf die Nerven.
Es reicht!
Ihr seid einfach unausstehlich!
Und du bist absolut unerträglich!
Ihr beide seid unerträglich unausstehlich!
Schmückt euren Weihnachtsbaum doch alleine. Ich verziehe mich auf den Dachboden.
Esst euren Weihnachts-schmaus alleine! Mir ist der Appetit gründlich vergangen! Adieu!

ROMS
Umpf!
Ich gehe nach Hause.
Die Winterluft wird meine
Wut abkühlen.
Dafür frieren jetzt
meine Ohren! **Bibber**!
Umpf!
Umpf!
Wie konnte das gesche-
hen? Immer die Wahrheit
zu sagen, hat zu nichts als
Verdruss geführt.
Ich habe die Nase
gestrichen voll!
Ehrlichkeit?
Nicht mehr mit
mir!
Meine Teller von Omi!
Du bist ein echtes
Scheusal!
KLIRR
KRACKS
Seufz.

Vor den P&P-Läden stehen die Leute Schlange. Offenbar sind kaputte Geschenke derzeit groß in Mode.
P&P
Immer mit der Ruhe! Sie kommen alle rein.
Was ist nur aus Weihnachten geworden?
Huch?
DRING
Ja, bitte?
Herr Maus, hier spricht Magier Arkadin.
Könnten Sie zum Freizeitpark kommen? Jetzt gleich?
Nur, wenn Sie sich nicht streiten wollen. Ich bin den ganzen Zoff so leid!
Ich muss mit Ihnen über einen Verdacht sprechen, der mich quält... es geht um Mister Vertigo.

Nanu? Das ist eigenartig.
BIEP
Hm... Mister Vertigo...
P&P
BRAAAAUUS
WUMS

Sagen Sie,
mein Freund...
...sind Sie zufrieden mit dem
Weihnachtsgeschäft?
P&P
P&P
Oh, ich vergaß... reden ist
nicht gerade Ihr Hobby.
Dann nehme ich Ihr Schweigen eben für
ein Ja! Auf Ihr Wohl!
P&P
Mister Vertigo ist also zurück. Was er
mit der wahrhaftigen Weihnacht zu
schaffen hat, lest ihr im zweiten Teil.
Ende des ersten Teils.

Marco Nucci (Story), **Fabrizio Petrossi** (Zeichnungen)

Aber wozu das alles?
Um die Stadt ins Chaos zu stürzen und sie dann auszurauben!
Nicht einmal Micky war es gelungen herauszufinden, wer sich hinter der Maske verbarg...
Fred Fink war nur der Handlanger... Vertigo läuft immer noch frei herum.
Mister Vertigo geriet in Vergessenheit. Und jetzt, kurz vor Weihnachten...
...sind die Entenhausener vollauf damit beschäftigt, sich nach Herzenslust das Leben schwer zu machen...
Umpf!
Umpf!
Umpf!
Hören wir, was Reporter Veit Vielleicht dazu zu sagen hat...
Nur noch wenige Stunden bis Heiligabend, liebe Freunde. Und die Leute stehen vor den P&P-Filialen Schlange.
ETV
Offenbar wollen alle defektes Spielzeug verschenken, wodurch das Fest der Liebe zu einem Fest des Zankens werden dürfte.
Immer nur einer, Leute!
ETV

„P&P scheint für jeden Geschmack etwas hergestellt zu haben..."
Ein Streifenwagen ohne Reifen und ein Löschzug, auch ohne Reifen. Ich habe noch mehr reifenlose Dienstfahrzeuge gekauft, die ich meinen Kollegen schenken werde. Ätsch.
ETV
„...das man sich auch noch aufs Schäbigste einpacken lassen kann..."
Nun, ich schenke meinem Verlobten einen Krimi mit zerfledderten Seiten. Da ist altes Packpapier die passende Verpackung.
ETV
Ein mottenzerfressener falscher Bart für dich, Niko.
Und du kriegst einen zerschlissenen Gabensack, Klaus.
„Die Preise sind mehr als gesalzen, aber das scheint es den Kunden wert zu sein."
Ich zahle so viel Sie wollen, wenn die Ware garantiert defekt ist.
Ist sie. Voilà!
POCK
KRACKS
KASSE
„Derweil wartet Dries Drechsler vergeblich auf Kundschaft..."
Dieses Jahr scheint euch keiner haben zu wollen, meine Püppchen.
Das Spiel „Wahrhaftige Weihnacht" hat zu Streit und noch mehr Streit geführt statt zu Harmonie...

„Es herrschen Zwietracht und Zwist im weihnachtlichen Entenhausen...“
Keiner will mehr mit jemandem ausgehen, Herr Maus...
Der große Arkadin
Deshalb habe ich die Weihnachtsshow abgesagt.
Und ich den Fest-schmaus bei mir. Ich habe eh keine Freunde mehr.
ARKADIN
Aber Feinde haben Sie noch... zum Beispiel diesen Mister Vertigo.
Ich fürchte, er steckt hinter der Verdrossenheit, die sich in Entenhausen breitgemacht hat.
So? Und wie kommen Sie darauf, Arkadin?
Ich zeige es Ihnen.

Das habe ich vor ein paar Tagen in einem Gebüsch hinter dem Freizeitpark gefunden. Kommt Ihnen das nicht bekannt vor?
Das ist doch das Gesicht von Mister Vertigos Bauchrednerpuppe. Sagen Sie jetzt nicht...
Die Puppe war gar keine Puppe... sondern eine maskierte Person.
Mister Vertigo!
„Und er ist immer noch da, vor unseren Augen.“
Das ist noch nicht alles. Schauen Sie mal ins Innere der Maske.
Hm... da ist eine Art Siegel.
P&P! Das steht für Prödd und Prödel.
P&P

Die Maske ist offenbar ein Werk Pitter Prödds. Dieser Kerl macht einen Reibach mit defekten Spiel-sachen.
Und die Zustände in Entenhausen gehen auf eine ähnliche Verwirrungstaktik zu-rück, wie sie Mister Vertigo damals angewendet hat.
ARKADIN
FÄLLT AUS!
Deshalb habe ich Sie vorhin angerufen, auch wenn es womöglich nur ein Zu-fall ist.
Nein! Es ist ein echter Fall!
Und den werde ich lösen!
Wäre es Ihnen recht, wenn ich mitkäme? Wie gesagt, ich habe nichts zu tun.
Es ist mir ein Vergnügen, Arkadin. Schon allein, weil...

„...Sie der Einzige sind, mit dem ich mich noch nicht zerstritten habe."
Die Suche nach Prödd bringt Tausende Treffer, aber keinen einzigen Hinweis auf seine wahre Identität.
Hmm... hmm...
Doch! Ich habe etwas gefunden, auch wenn ich nicht beurteilen kann, wie glaubhaft der Eintrag ist.
Jedenfalls behauptet Lester Lerche in seinem Blog kiki.ent, dass Prödds wahrer Name Anselm Frieder Appelmus lautet...
KIKI
...und er der Bruder von Artur Ferdi Appelmus ist.
Von unserem neuen Bürgermeister?
Das kann doch jetzt wirklich kein Zufall sein...

„Also los! Befragen wir Lester Lerche persönlich dazu..."
Es ist die Wahrheit. Ein Zulieferer von P&P hat es mir erzählt. Sie sind sogar Zwillinge.
Was Sie nicht sagen!
Früher hatten sie einen Trödelladen. Aber dann haben sie sich irgendwann übel zerstritten.
Artur beschäftigte sich danach mit Computertechnik und Anselm gründete Prödd und Pröddel.
„Er soll auch in seiner Fabrik wohnen, weshalb man ihn draußen fast nie sieht."
Hm... der Spielzeugverkauf wurde durch die Streitigkeiten, die der Bürgermeister provoziert hat, enorm angekurbelt.
Und die Maske ist die Verbindung zwischen Prödd und Vertigo.

Somit passt alles zusammen... die drei ziehen an einem schurkischen Strang!
Sie schüren Hass und Streit, um mit wertlosem Zeug den Leuten auch den letzten Kreuzer aus der Tasche zu ziehen.
Leider haben sie damit sogar Erfolg.
Und was machen wir jetzt?
Die Polizei kann uns nicht helfen. Uns fehlt jeglicher Beweis dafür, dass Pitter Prödd und Mister Vertigo gerade ein Verbrechen verüben.
Daher sollten wir uns einmal in der Spielzeugfabrik umsehen.
Aber die gleicht einer Festung. Ich bin auf Hypnose spezialisiert, nicht darauf, Mauern zu überwinden.
Das brauchen wir auch nicht. Sehen Sie nur...

Die Schlange? Wollen Sie sich da anstellen, um kaputtes Spielzeug zu kaufen?
Nein… ich meinte den Lieferwagen.
P&P
Der sollte uns direkt zu unserem Ziel bringen.
Wenn das mal gut geht.
Los, kommen Sie.
Ich hielt Sie für wagemutiger, Arkadin.
Nun, ich bin Magier, kein Held.
Wie wäre es, wenn Sie auch ein wenig von sich erzählten?
Jetzt nicht… scht!

RATTER
KLACK
VROOOM
„Hier ist Veit Vielleicht von ETV! Es ist Heiligabend und...“
...wie versprochen, wird Bürgermeister Appelmus heute seine Rede halten.
BRÜH-WARM
Ich erwarte euch in ein paar Stunden im Ahornpark, meine liebsten Lieben. Hier draußen ist es eiskalt...
Kläff!

„...also zieht euch warm an.“
Zwei Millionen Taler! Und das ist erst der Anfang!
Das sollten wir feiern, mein Freund.
Immerhin ist das unser erstes gemeinsames Projekt, dem noch viele folgen werden.
Sie haben es sogar geschafft, dass mein Bruder Artur und ich uns versöhnt haben.
Für eine Plaudertasche wie Sie ist es genauso leicht, die Leute nach Ihren Vorstellungen zu beeinflussen...

...wie ein Modellflugzeug zu steuern. **Hehehe!**
Wir werden das Geld nur so scheffeln, Mister Vertigo.
LIMO
Einen Toast auf Ihr Genie! Und fröhliche Weihnachten!
LIMO
?
?
KRACKS
KA-PLUMPS
?
?

Welch Ehre... der berühmte Herr Maus! Sie sind tatsächlich ein unverbesserlicher Schnüffler.
LIMO
Wie schade, dass das Geländer der Treppe, von der aus Sie gelauscht haben, marode war. **Hehehe!**
Trotzdem habe ich jedes Ihrer Worte aufgezeichnet und der Polizei geschickt. Schachmatt, Prödd!
Wohl kaum! In der Fabrik gibt es kein Netz. Oder anders ausgedrückt, Ihre Botschaft wird nie ankommen.
Was ist denn los, Chef?
Wir haben Eindringlinge in unserem Werk, Quintus.

Kümmert euch um sie. Sie sollen mein neues defektes Spielzeug werden!
KRACKS
Nur nichts überstürzen. Richten Sie Ihr Augenmerk auf mich.
?
Konzentrieren Sie sich auf diese pendelnde Scheibe.
?
P&P
Zu Ihren Diensten, mächtiger Gebieter Arkadin.
Gllb... gllb...
P&P
Wow! Das ist wahre Magie!
Richtig erkannt, mein Freund.

Halten Sie die beiden in Schach...
...während ich mich um Vertigo kümmere.
BONK BONK
BONK
BONK
BONK
Uff!
BONK

VROOOM
Diesmal entkommst du nicht!
KRACKS
VROOOM
SCHLITTER

KLACK
BIEP
VRRR
BAR
?
SKRIEEE
Uha-haha!

Öh...
KA-FUMP
Ein Lieferwagen von P&P!
Schnappen wir uns die Spielsachen. Leute!
Umpf!
Bleiben Sie stehen, Hände hoch!
?

Das Spiel ist aus, Mister Vertigo!
In Ihrer Fabrik hat man zwar kein Netz, aber sobald man draußen ist...
...schon. Als ich das Werk verließ, wurde die Nachricht sofort an Kommissar Hunter gesendet.
Und jetzt will ich wissen, wer sich hinter der Maske verbirgt.
?
Oha!
Aber das ist doch...

...Bill Birnbrot, der frühere Bürgermeister!
Richtig, Herr Kommissar.
Wieso? Wir alle haben Ihnen jahrelang vertraut.
Eben darum, Schnüffler!
Es gibt Leute, die einer wie Sie niemals verstehen wird. Und genau so einer bin ich.
Soll ich ihm Handschellen anlegen?
Natürlich! Dieser Kerl hat die Würde seines Amts schwer beschädigt.
Würden Sie auf dem Weg zum Präsidium kurz bei P&P halten?
„Arkadin passt dort auf zwei Mitglieder der Birnbrot-Bande auf."
Hoppla!
Sieh nur, Quintus! Eine Taube!
P&P

Kommen Sie denn nicht mit?
Nein! Wir sehen uns später.
Ich habe noch eine wichtige Sache zu erledigen...
„...damit endlich Schluss ist."
Ich verstehe euren Missmut, liebste Lieben. Aber die Wahrheit ist, dass ich Zeit schinden musste.
FROHE WEIH
Außerdem ist es normal, sich ab und an zu streiten.
Umpf!
Umpf!
Umpf!
Ich habe doch recht, oder, Fido...
Hä?
Krzfizzgrkrzz...

Für eine Plaudertasche wie Sie ist es genauso leicht, die Leute nach Ihren Vorstellungen zu beeinflussen...
...wie ein Modellflugzeug zu steuern. Hehehe!
Wir werden das Geld nur so scheffeln...
Ich...äh, muss leider gehen, meine liebsten Lieben.
Da haben Sie recht! Und ich komme mit.
Urks!
Schnaub!
Hehehe!
Äh...

Ich verstehe, dass Sie erstaunt sind. Tja... unser Bürgermeister ist ein Betrüger, genau wie sein Vorgänger.
Und da ich jetzt schon mal hier stehe, möchte ich auch noch ein oder zwei Worte dazu sagen.
Dieses Jahr ist Weihnachten ganz anders als sonst. Das Spiel mit der Weihnachtswahrheit hat Schaden angerichtet.
Wir haben uns aufs Dümmste selbst die läppischsten Fehler vorgeworfen, bis wir gar nicht mehr miteinander reden konnten.
Aber Freundschaft bedeutet, die Schwächen des anderen zu akzeptieren. Und das sollte uns zueinander stehen lassen, statt uns zu trennen.

Genug des Streits! Was halten Sie davon, wenn wir uns Wichtigerem widmen und endlich Weihnachten feiern?
Tja...
Ähm...
Es lebe Micky Maus! Ein Hoch auf Weihnachten!
Gilt der Applaus meiner kurzen Rede, oder haben Sie nur kalte Hände?
Kurze Zeit später...
Die Leute stehen für richtige Spielsachen Schlange.
Ganz wie es an Weihnachten sein sollte. Hjuck!
Frohes Fest, Niko!
Dir auch, bester Klaus.

Apropos Weihnachten! Ich muss doch noch den Festschmaus zubereiten!
Steht deine Einladung noch, Minnie?
Weißt du was? Ich liebe deine kleinen Macken, Micky.
Mmh... ich deine auch...
„...sogar deine schrille Stimme."
Lasst es euch schmecken!
Ächz!
Die Suppe ist köstlich, Minnie.
Du hattest schon immer einen feinen Geschmack, wenn es um Suppe geht.
Unglaublich! Der Schurke, hinter dem ich her war, war Bürgermeister Birnbrot. Ich hatte ihn die ganze Zeit vor der Na...
Stopp! Du hast uns etwas versprochen.

Stimmt! Während des Essens wird nicht über Fälle geredet.
Genau!
Als Magier könnte ich die Suppe vor Ihren Augen verschwinden lassen.
Ja, und wie?
Nun, ein Löffel nach dem anderen.
Hihi!
Haha!
Derweil, im Präsidium...
Er sitzt stocksteif da wie eine Statue und zieht einen Flunsch.
Wundert Sie das?
P

Früher oder später wird er auspacken.
Beeilen wir uns. Wir holen Petunia ab und gehen dann zu Goofy.
Vermutlich ist er traurig. Meinen Sie nicht?
Gewiss ist er das.
„Niemand ist an Weihnachten gern allein..."
„...nicht einmal ein Schurke wie Mister Vertigo."
Albert, mein Bester!
Petunia, du Gute!
Kläff!
ENDE

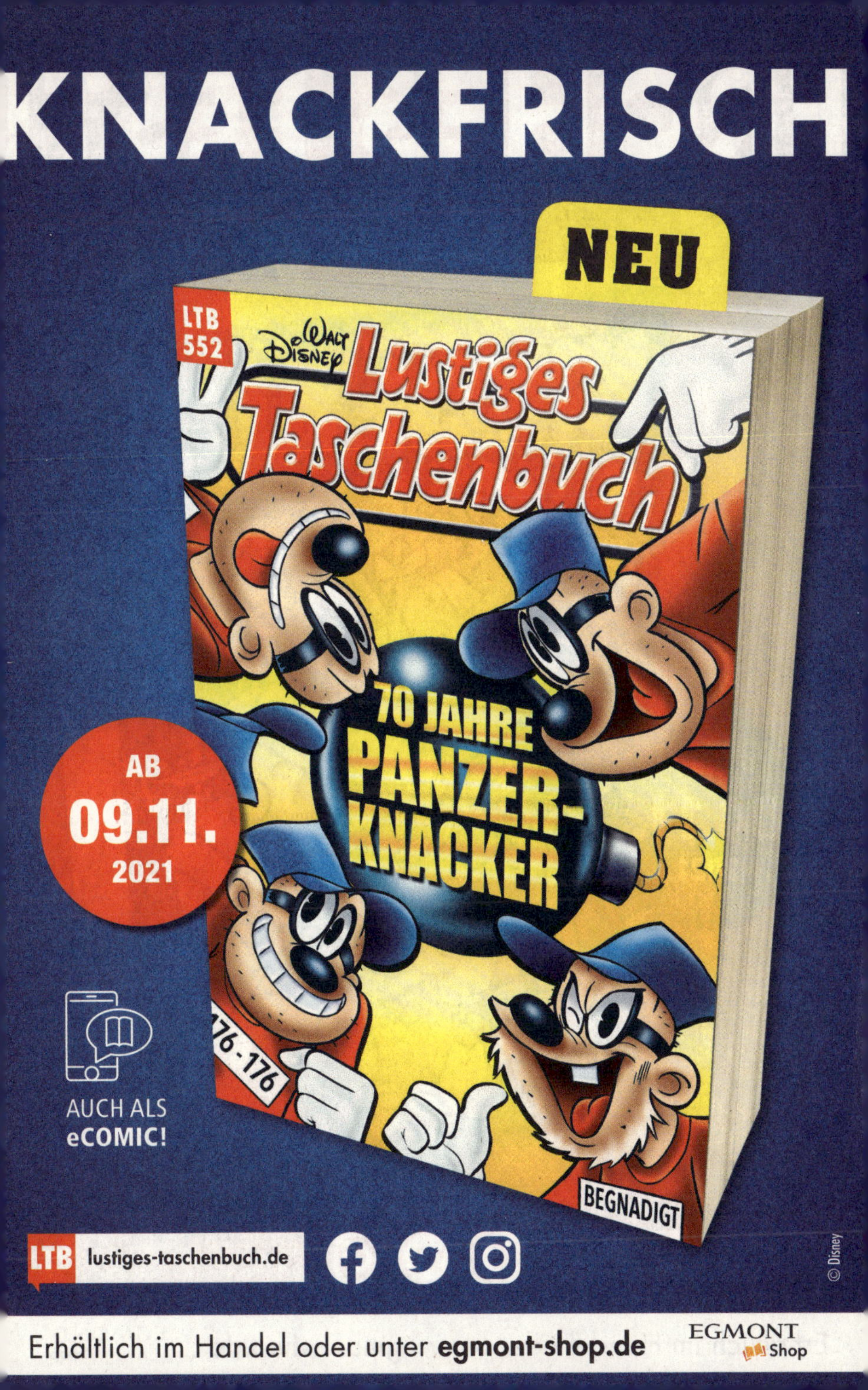
KNACKFRISCH
NEU
LTB 552
Walt Disney
Lustiges Taschenbuch
70 JAHRE PANZER-KNACKER
176-176
BEGNADIGT
AB 09.11. 2021
AUCH ALS eCOMIC!
LTB lustiges-taschenbuch.de
© Disney
Erhältlich im Handel oder unter egmont-shop.de
EGMONT Shop

FROHES FEST!
NEU
Lustiges Taschenbuch
NIKOLAUS
1
AB
04.11.
2021
AUCH ALS
eCOMIC!
LTB lustiges-taschenbuch.de
© Disney
Erhältlich im Handel oder unter egmont-shop.de
EGMONT
Shop